Alfred Andersch

Sansibar oder der letzte Grund

von Jürgen Egyptien

Schroedel Interpretationen Band 29

Druck A 1 / Jahr 2012

Redaktion: Dr. Hans-Georg Schede
Reihentypografie: Thomas Schröder, Braunschweig
Satz: Ira Petersohn, Ellerbek
Repro und Druck: westermann druck GmbH, Braunschweig
Titelbild: Alfred Andersch um 1950, aus dem Fotoalbum von
Werner Kolbenhoff. © Deutsches Literaturarchiv Marbach (DLA),
mit freundlicher Genehmigung von Frau Annette Korolnik-Andersch

ISBN 978-3-507-**47726**-1

Einführung

Die Begründung für die Verleihung des Literaturpreises des Verbandes der deutschen Kritiker 1958 im Jahr an Alfred Andersch beginnt mit dem Satz:

> In dem Roman *Sansibar oder der letzte Grund* von Alfred Andersch decken sich echte und immergültige Fälle menschlichen Konflikts künstlerisch einwandfrei mit einer möglichen konkreten Situation aus der jüngsten Vergangenheit der Hitler-Jahre.

Damit ist ein wesentliches Qualitätsmerkmal jedes bedeutenden Kunstwerks benannt. Es erfasst auf überzeugende Weise den Zeitgeist einer bestimmten historischen Lage und verleiht ihm eine ästhetische Gestalt, die über diese geschichtliche Verankerung hinausweist auf zeitlose Fragen der menschlichen Existenz, des menschlichen Handelns und Empfindens. Es ist diese Verbindung von Historizität und Artifizialität, die einem Kunstwerk seine Haltbarkeit garantiert. Durch seine Verankerung in der konkreten geschichtlichen Erfahrung erhält es Evidenz und Beglaubigung, sein exemplarischer Charakter verleiht ihm eine unvergängliche Aktualisierbarkeit durch jeden neuen Leseprozess.

Das erste Kapitel dieses Bands informiert im ersten Abschnitt über Leben und Werk Anderschs bis zur Publikation von *Sansibar oder der letzte Grund* im Jahr 1957. Der folgende Abschnitt skizziert die geschichtlichen Rahmenbedingungen des Handlungszeitraums 1937. Das erste Kapitel schließt mit einem Blick auf die Entstehungsgeschichte des Romans.

Das zweite Kapitel bietet eine ausführliche Inhaltsangabe des Texts. Im ersten Abschnitt des dritten Kapitels werden formale Kennzeichen beschrieben. Das gilt sowohl für die Struktur des ganzen Texts als auch für einzelne sprachliche und erzähltechnische Verfahren. Der zweite Abschnitt stellt die handelnden Personen vor und vertieft die in der Inhaltsangabe anklingenden Vernetzungen zwischen ihnen. Das dritte Kapitel endet unter dem Gesichtspunkt des Sinngehalts mit einem Aufriss der wichtigsten übergreifenden Fragestellungen, die in dem Roman aufgeworfen werden.

An diese Themen knüpfen im vierten Kapitel exemplarische Interpretationen von zwei Schlüsselpassagen des Romans an. Im fünften Kapitel erfolgt die Situierung des Werks im literatur- und geistesgeschichtlichen Kontext, bevor abschließend knapp auf die zeitgenössische literaturkritische Rezeption sowie die beiden Verfilmungen des Romans aus den Jahren 1961 und 1987 eingegangen wird.

Alle Zitate aus *Sansibar oder der letzte Grund* werden nur unter Angabe der Seitenzahl nachgewiesen. Die zugrunde gelegte Ausgabe ist in der Auswahlbibliographie am Ende des Bands angegeben. Für Zitate aus anderen Texten werden Kürzel verwendet, die am selben Ort erläutert sind.

I Biographische und zeitgeschichtliche Einflüsse

1 Biographischer Zusammenhang

Alfred Andersch wurde am 4. Februar 1914 in München geboren. Seine Mutter Hedwig (1884–1976) stammte aus einer katholischen österreichisch-tschechischen Familie, der Vater Alfred (1875–1929) war Nachfahre von protestantischen Hugenotten, die sich nach ihrer Flucht aus Frankreich Ende des 17. Jahrhunderts erst in Ostpreußen und später unter anderem in Bayern niederließen. Er war deutsch-national und völkisch eingestellt und nahm als Offizier am Ersten Weltkrieg teil. Die Niederlage Deutschlands, das Ende des Kaiserreichs und die Ausrufung der Weimarer Republik erschütterten sein Weltbild. Unmittelbar nach der Kapitulation Deutschlands im November 1918 gehörte Alfred Andersch senior zu den Gründungsmitgliedern der Thule-Gesellschaft, einem germanisch-völkischen Kampfbund, der zu einer der Keimzellen der NSDAP (Nationalsozialistische Deutsche Arbeiterpartei) wurde. Zudem war er Mitglied der paramilitärischen Formationen, die an der blutigen Niederschlagung der Bayerischen Räterepublik im Frühjahr 1919 beteiligt waren. Der sogenannte weiße Terror, der sich in willkürlichen Erschießungen von gefangenen Anhängern der Räteregierung auf Münchens Straßen austobte, gehörte zu Anderschs frühesten Kindheitserinnerungen.

Ab dem 1. September 1920 besuchte Andersch die protestantische Volkshauptschule im Münchner Stadtteil Neuhausen, 1924 wechselte er ans Wittelsbacher Gymnasium. Dessen Direktor war Gebhard Himmler, ebenfalls deutsch-national und monarchistisch eingestellt, der Vater von Heinrich

Himmler, dem späteren Reichsführer der nationalsozialistischen SS (Schutz-Staffeln). Andersch porträtierte ihn in seinem letzten Werk, der Erzählung *Der Vater eines Mörders* von 1980. – Alfred Andersch senior hatte am 8. November 1923 an Hitlers Marsch auf die Feldherrnhalle teilgenommen und wurde anschließend wegen Landfriedensbruchs für einige Tage in Haft genommen. Seine berufliche Stellung verschlechterte sich beständig. Mal versuchte er sein Glück als Buchhändler und Antiquar, mal als Immobilienmakler, schließlich als Versicherungsagent, aber immer ohne Erfolg. Als seine Zuckerkrankheit dazu führte, dass ihm das rechte Bein amputiert werden musste, verarmte die Familie endgültig.

Andersch war kurz vor Ostern 1927 vom protestantischen Pfarrer Johannes Kreppel konfirmiert worden, einer imposanten Gestalt, die einen Nachhall im Pfarrer Helander aus *Sansibar oder der letzte Grund* fand. In dieser Zeit entdeckte Andersch für sich das Reich der Kunst und Literatur. Er besuchte an den eintrittsfreien Tagen die Pinakothek, fuhr mit dem Rad zum Schloss Schleißheim und schwelgte im Schlossgarten in der Lektüre von Gedichten der Symbolisten Verlaine und Rimbaud. Am Wittelsbacher Gymnasium war er in der vierten Klasse gescheitert, und auch ein Wechsel ans Alte Realgymnasium brachte bei dem notorisch faulen Schüler Alfred Andersch keine Besserung. Befragt, was er angesichts seiner desaströsen Schulleistungen werden wolle, hatte er selbstbewusst geantwortet: Schriftsteller.

Zunächst aber trat er am 1. September 1928 eine Lehrstelle in dem kleinen Wega-Verlag an, der populäre medizinische Ratgeber und Drogerie-Artikel vertrieb. Andersch wurde Mitglied bei der freien Gewerkschaftsjugend des Zentralverbands der Angestellten und begann, linke Presseorgane zu lesen. Als er wegen seiner politischen Positionen aus dem Verband ausgeschlossen wurde, fand er Mitte 1930 beim Kom-

Alfred Andersch (1914 bis 1980); Aufnahme aus dem Jahr 1956.

munistischen Jugendverband (KJV) seine neue ideologische Heimat. In seinem autobiographischen Bericht *Die Kirschen der Freiheit* von 1952 heißt es dazu: »Ich betrat den Boden des Kommunismus mit dem gespannten Entzücken dessen, der zum erstenmal seinen Fuß auf einen jungfräulichen Kontinent setzt. [...] Das Wort ›Revolution‹ faszinierte mich.« (GW 5, S. 339) Seine rasche Auffassungsgabe, sein analytischer Verstand und sein Ehrgeiz ließen ihn eine steile Karriere machen, sodass er bereits mit achtzehn Jahren zum Organisationsleiter des KJV Südbayern wurde. Er hatte umso mehr Zeit, sich seiner politischen Funktionen zu widmen, als er zum 1. Januar 1932 arbeitslos geworden war; seit der Weltwirtschaftskrise von 1929 war das Heer an Arbeitslosen in Deutschland auf nahezu sechs Millionen gestiegen. Andersch investierte seine ganze Energie in Demonstrationen, Agitation, Streiks, Parteiarbeit und politische Debatten. Zwischendurch machte er

Fahrradtouren in die Umgebung, nahm an Treffen in den Isarauen teil, wo zur Klampfe Kampflieder gesungen wurden. Als Organisationsleiter lud er einmal den bayrischen Schriftsteller Oskar Maria Graf (1894–1967), der der Münchner Räterepublik mit dem Roman *Wir sind Gefangene* 1927 ein literarisches Denkmal gesetzt hatte, zur Lesung im KJV ein.

Mit Hitlers Machtergreifung fand die politische Aktivität des jungen Parteiarbeiters ein jähes Ende. Nach dem Reichstagsbrand am 28. Februar 1933 wurden im ganzen Reich die kommunistischen Funktionäre verhaftet, am 10. März 1933 auch Andersch. Nach mehreren Gefängnisstationen wurde Andersch am 22. März in das neu errichtete KZ Dachau verbracht, das erste Konzentrationslager des Dritten Reichs. Zunächst der Bayerischen Landespolizei unterstellt, übernahm dort am 11. April auf Heinrich Himmlers Anweisung die SS das Kommando. Sofort herrschte in Dachau der Terror. Noch am selben Tag erschoss der Kompanieführer Hans Steinbrenner aus reiner Mordlust zwei jüdische Kommunisten. Es gelang Anderschs Mutter mithilfe eines Freundes der Familie, der zu den frühsten Mitgliedern der NSDAP zählte, einen ›Gnadenerweis‹ für ihren Sohn zu erwirken. Ende April wurde Andersch aus dem KZ Dachau entlassen. Er suchte sich eine Aushilfstätigkeit auf dem Bau, nahm sogar eine Woche am ›Freiwilligen Arbeitsdienst‹ teil und beschränkte seine illegale Arbeit darauf, Kuriere des ZK (Zentralkomitees) der KPD an Deckadressen zu vermitteln. Dennoch wurde er am 9. September 1933 erneut verhaftet, weil sich sein Name im Notizbuch eines Genossen gefunden hatte, der bei der Aushebung einer illegalen Druckerei gefasst worden war, in der kommunistische Flugblätter hergestellt worden waren. Da Andersch keine Verbindung damit nachgewiesen werden konnte, ließ man ihn frei. Er war von dieser Erfahrung aber so eingeschüchtert, dass er fortan auf jede politische Betätigung im Dritten Reich verzichtete. In den *Kirschen der Freiheit* schrieb Andersch lapidar: »Ich antwortete auf den totalen Staat mit der totalen Introversion.« (GW 5, S. 356)

Kunst und Natur wurden ihm zum Fluchtraum vor einer bedrückenden gesellschaftlichen und privaten Situation. Noch 1933 hatte Andersch eine Anstellung in der Zeitschriftenabteilung des medizinisch-völkischen Verlags von J. L. Lehmann, einem Bekannten seines Vaters aus der Thule-Gesellschaft, erhalten. In einem Italienischkurs lernte er die – nach NS-Kategorisierung – ›Halbjüdin‹ Angelika Albert kennen, in die er sich verliebte und die er mit schwärmerischen Gedichten im Rilke-Ton umwarb. Nach einer gemeinsamen Italienreise heirateten sie am 15. Mai 1935, und Andersch zog in die großbürgerliche Luxuswohnung der Familie Albert in München-Sendling. Sein Schwager bot ihm eine Stelle als Assistent des Werbeleiters der Firma Leonar in Hamburg an, in der er Vorstandsdirektor war. Andersch war froh, der geistlosen Tätigkeit bei Lehmann zu entrinnen, und nahm die Stelle dankbar zum 1. April 1937 an. Er zog mit Angelika nach Hamburg um und stieg schon 1938 zum Leiter der Werbeabteilung auf. Am 21. August 1938 wurde ihre Tochter Susanne geboren. Nach Ausbruch des Zweiten Weltkriegs am 1. September 1939 wuchs die Arbeitslast für Andersch weiter an und dadurch zwischen ihm und Angelika die Entfremdung. Die seelische Krise verstärkte in Andersch den Drang zu schreiben. Um den Jahreswechsel 1939/40 entstanden zahlreiche kleine Prosaetüden. Stilistisch orientierte sich Andersch besonders an Ernst Jünger (1895–1998), dessen Verbindung von kühl-präziser Beschreibung und intensiven Gefühlswerten er bewunderte. Jüngers Roman *Auf den Marmorklippen* vom Herbst 1939 las er zudem wie viele andere als systemkritischen Schlüsselroman, der in der Figur des despotischen Oberförsters ein vernichtendes Hitler-Porträt enthielt.

Im März 1940 wurde Andersch eingezogen. Der Diensteintritt erfolgte am 17. März im Bau-Bataillon 45. Im Gefolge der kämpfenden Truppe rückte er im Juni 1940 mit seiner Baukompanie nach Frankreich ein und kam in die Gegend von Arras. Hitler befand sich nach dem Blitzsieg über Frankreich auf dem Zenit seiner Macht. In den *Kirschen der Freiheit* denkt Andersch mit Abscheu an seine schwankende Haltung zurück: »Ich war derart auf den Hund gekommen, dass ich einen deutschen Sieg für möglich hielt. Ich gab damals der Kanalratte eine Chance. Jedesmal, wenn ich daran denke, spucke ich innerlich vor mir aus.« (GW 5, S. 387) Auf einem Heimaturlaub im Herbst 1940 besuchte Andersch in Köln die Malerin Gisela Groneuer, die sich mit seiner Familie im Ostseebad Dahme angefreundet hatte. Die beiden verliebten sich ineinander und träumen von einer gemeinsamen Zukunft als Künstlerpaar. Auch Gisela Groneuers Ehe bestand nur noch auf dem Papier.

Im März 1941 nutzte Andersch eine Verfügung Hitlers, Angehörige ›jüdischer Mischlinge‹ aus der Wehrmacht zu entfernen. Diese Maßnahme ist im Kontext einer ›Entjudung‹ der Wehrmacht zu sehen, die sie für die bereitwillige Mitwirkung an Deportationen geeignet machen sollte. Andersch dürfte diesen Erlass, der am 2. Dezember 1940 im Heeres-Verordnungsblatt veröffentlicht wurde, auf der Schreibstube seiner Kompanie, für die er das Rechnungsbuch führte, in der Picardie gelesen haben (vgl. Döring / Seubert, S. 178–180). Aufgrund seiner Ehe mit der ›Halbjüdin‹ Angelika aus der Wehrmacht entlassen, kehrte er zurück zu den Leonar-Werken. Auf Dienstreisen nutzte er jede Möglichkeit, Gisela Groneuer und ihre drei Kinder in ihrem Haus in Rommersheim bei Prüm in der Eifel zu besuchen. Anderschs Frau Angelika zog mit Tochter Susanne im Februar 1942 ins Allgäu, nachdem ihre jüdische Mutter ins KZ Theresienstadt deportiert worden war. Andersch wechselte zum 1. März als Werbeassistent zu dem Seifen- und Parfümhersteller Mouson nach Frankfurt und nahm sich dort eine eigene Wohnung. Er wollte sich gerne als Schriftsteller positionieren und benötigte dafür einen ›Befreiungsschein‹ der Reichsschrifttumskammer, der für gelegentliche publizistische Tätigkeit beantragt werden konnte. Dem stand aber die Ehe mit einer ›Halbjüdin‹ im Weg. Angelika willigte in die Scheidung ein, die am 6. März 1943 rechtskräftig wurde. Schon im Vorgriff auf dieses Urteil hatte Andersch am 16. Februar in seinen ›Antrag auf Befreiung von der Mitgliedschaft in der Reichsschrifttumskammer‹ in die Zeile ›Familienstand‹ ›geschieden‹ eingetragen. Auch ohne diesen, ihm am 24. Februar 1943 ausgestellten Befreiungsschein hatte Andersch bereits 1942 eine Prosaskizze an die *Frankfurter Zeitung* gesandt, die aber abgelehnt worden war. Im Herbst 1943 unternahm er einen neuen Anlauf bei der *Kölnischen Zeitung*.

Ende Juli war die Wohnung seiner Mutter in Hamburg ausgebombt worden, wobei auch seine Bibliothek verbrannte. Da er am 9. August aus dem Gedächtnis eine Aufstellung von deren Bestand machte, gewinnt man einen Einblick in seine Leseinteressen. Neben klassischer Literatur aus den großen europäischen Sprachen fällt die relativ hohe Zahl zeitgenössischer Lyrik und moderner Literatur wie Joyce und Proust auf.

In dieser Zeit ereilte ihn der zweite Gestellungsbefehl. Wegen einer Erkrankung rückte er allerdings erst am 1. November 1943 in eine Infanterie-Kompanie zur Ausbildung ins Frankfurt benachbarte Butzbach ein. Noch vor Weihnachten wurde seine Einheit in die Nähe von Siegen verlegt. Andersch stattete der Redaktion der *Kölnischen Zeitung* noch zwei Besuche ab und erreichte, dass am 25. April 1944 seine erste literarische Publikation, die Erzählung *Erste Ausfahrt*, gedruckt wurde. Eine Zusammenstellung mehrerer Erzählungen hatte er im Januar an den Suhrkamp-Verlag geschickt. Auf Nachfrage erhielt er von dort am 21. Mai eine abschlägige Antwort, die ihn dennoch mit Stolz erfüllte. Der wahrscheinlich von Hermann Kasack, dem Stellvertreter Peter Suhrkamps, stammende Brief verband die Absage mit einem hohen Lob seiner Prosa, die »eine sehr klare und kühle Atmosphäre [besitze], der auch die Genauigkeit des Stils sehr glücklich entspricht« (zitiert nach Reinhardt, S. 99). Zugleich wurde er aufgefordert, weitere Arbeiten vorzulegen. Der Brief erreichte Andersch bereits in Dänemark, wohin er am 5. April mit seiner Einheit aufgebrochen war. Am 1. April hatte man ihn zum Obergrenadier befördert.

Er wurde der Radfahrer-Schwadron zugeteilt und nach Esbjerg an der dänischen Nordseeküste verlegt. Dort reifte in ihm der Entschluss zu desertieren. Von Esbjerg aus nahm er im Mai an einer mehrwöchigen Felddienstübung teil, bevor seine Einheit nach knapp sieben Wochen Dänemark in Richtung Italien verließ. Ende Mai traf sie in Carrara in der Toscana ein und machte sich anschließend über Pisa auf den Weg nach Rom. Am 5. Juni führte Andersch absichtlich eine Panne an seinem Fahrrad herbei und blieb allein hinter seiner Schwadron zurück. Er übernachtete in einer Strohhütte und traf am nächsten Morgen, dem Tag der Invasion der Alliierten in der Normandie, auf einem Feldweg etwa 60 Kilometer nördlich von Rom auf italienische Partisanen und einen amerikanischen Soldaten. Per Schiff kam Andersch in ein großes Kriegsgefangenenlager bei Neapel, auf einem Soldatenfriedhof bei Nettuno wurde er bei der Leichenbestattung eingesetzt. In der zweiten Augustwoche stach ein ganzer Schiffskonvoi mit deutschen Kriegsgefangenen Richtung USA in See.

Ende August 1944 traf Andersch in Pennsylvania ein und kam zuerst für gut zehn Tage in das Zwischenlager Pine Grove Furnace. Von dort wurde er am 11. September in das

Verhörlager Fort Hunt in Virginia gebracht. In diesem ›Joint Interrogation Center‹ vor den Toren Washingtons fanden Einzelvernehmungen statt und wurden Zellengespräche abgehört. Über jeden Gefangenen wurde ein Dossier angelegt; das zu Andersch umfasste 27 Seiten (vgl. Römer, S. 566). Am 19. September ging es weiter zum Transitlager Fort Meade in Maryland, drei Tage später in das ›Anti-Nazis‹ vorbehaltene Lager Camp Ruston in Louisiana.

In seinem Schreiben vom 8. Oktober 1944 an die ›Authorities of the Prisoner-of-War-Camp‹ in Ruston verlieh Andersch seiner Bitte um die Aushändigung seiner beschlagnahmten Manuskripte dadurch Nachdruck, dass er auf seine ehemalige Internierung in einem deutschen KZ und auf die jüdische Abstammung seiner Frau hinwies und so tat, als sei er noch mit ihr verheiratet. Andersch nutzte die reichhaltige Lagerbibliothek von Ruston und entdeckte die amerikanischen Autoren John Steinbeck, Ernest Hemingway, Thomas Wolfe und William Faulkner für sich. Er meldete sich für den Sanitätsdienst im Gefangenenhospital und lernte Englisch.

Als Ende 1944 die Gefangenenzeitschrift *Der Ruf* gegründet wurde, trat Andersch sofort mit dem ihm persönlich bekannten Redakteur Curt Vinz in Kontakt und sandte einen Text ein, der auch auszugsweise veröffentlicht wurde. Ende April wurde er auf Anforderung von Vinz in das Lager Fort Kearney verlegt, wo seit Anfang März die *Ruf*-Redaktion tätig war. Andersch übernahm das Feuilleton und entwickelte eine immense Aktivität. Endlich fühlte er sich am rechten Platz angekommen. Er machte sich die demokratischen Grundwerte zu eigen und versuchte, sie den deutschen Mitgefangenen zu vermitteln. Kurz nach Kriegsende verfasste er mit *Deutsche Jugend wohin?* einen politischen Grundsatzartikel, der für den gesellschaftlichen Neuaufbau im Zeichen von Freiheit, Toleranz, Vernunft und Gleichberechtigung warb.

Ab dem 25. August nahm Andersch an einem Lehrgang in Fort Getty teil, einer speziellen Schulung für den Einsatz in der amerikanischen Besatzungszone in Deutschland. Ende Oktober wurde er mit einem Truppentransporter nach Frankreich gebracht und am 16. November in Frankfurt aus der Kriegsgefangenschaft entlassen. Er fuhr bald nach München weiter, um sich bei der *Neuen Zeitung* vorzustellen, dem wichtigsten Presseorgan der amerikanischen Militärregierung. Andersch wurde Assistent des Feuilletonleiters und bekannten Schriftstellers Erich Kästner (1899–1974). Er fühlte sich am Ziel seiner Wünsche: »Es war unglaublich. Es grenzte ans Wunderbare. Ich fand mich, 31 Jahre alt, ganz plötzlich mitten in einer Welt, von der ich 12 Jahre lang angenommen hatte, ich würde sie nie betreten.« (*Kirschen der Freiheit*, GW 5, S. 432) Schon bald strebte Andersch indes nach publizistischer Autonomie. Er wollte eine eigene Zeitschrift und bereitete mit Freunden aus der amerikanischen Kriegsgefangenschaft wie Gustav René Hocke (1908–1985) und Walter Kolbenhoff (1908 bis 1993), vor allem aber mit Hans Werner Richter (1908–1993), den er im April 1946 in München kennenlernte, die Neugründung des *Ruf* vor. Am 15. August 1946 erschien die erste Nummer mit Anderschs programmatischem Artikel *Das junge Europa formt sein Gesicht*. Bereits hier wurde die politische Leitlinie von Andersch deutlich markiert. Ihm schwebte eine Gesellschaftsordnung vor, die gewissermaßen einen dritten Weg zwischen Sozialismus und Kapitalismus ging. Das Ziel wirtschaftlicher Gerechtigkeit, so Andersch, konnte nur unter der Bedingung der Vergesellschaftung der Produktionsmittel gewährleistet werden. Andererseits dürfe die Idee der Freiheit und Verantwortung des Individuums nicht preisgegeben werden. In Bezug auf das in vier Besatzungszonen aufgeteilte Deutschland vertrat Andersch die Auffassung, dass eine rasche Wiederherstellung der nationalen Einheit und der staatlichen Souveränität den demokratischen Prozess befördern würde. Diese Positionen erregten den Unwillen der amerikanischen Militärregierung. Der sich ankündigende Kalte Krieg zwischen den USA und der Sowjetunion ließ keinen Spielraum für Anderschs politische Utopie. Der publizistische Erfolg des *Ruf* schützte ihn nicht vor einem baldigen Ende. Als der US-Präsident Harry Truman die neue außenpolitische Doktrin des ›Containment‹, der Eindämmung des sowjetischen Einflusses proklamierte, waren die Tage der Zeitschrift gezählt. In Anderschs scharfsinnigem Kommentar *Jahrhundert der Furcht?* vom 1. April 1947 hieß es: »Eine geteilte deutsche Nation: das ergibt nichts Besseres als zwei Nationen von Landsknechten. Eine vereinte deutsche Nation schafft ein Volk, das wie kein anderes in der Welt aus seinem ureigensten Lebensinteresse heraus an der Erhaltung des Friedens interessiert ist.« (Andersch, S. 182) Daraufhin verbot die US-Zensurbehörde die Zeitschrift.

Im Juli 1947 trat Andersch auf Wunsch ihres Herausgebers Eugen Kogon (1903–1987) in die Redaktion der linkskatholischen Monatszeitschrift *Frankfurter Hefte* ein. Im November nahm er auf Einladung von Hans Werner Richter an der zweiten Tagung der Gruppe 47 in Ulm teil, wo er mit großem Widerhall seinen Essay *Deutsche Literatur in der Entscheidung* (vgl. Kapitel V) vortrug. Dieser Text ist zugleich ein Zeugnis der ihn begeisternden Entdeckung des französischen Existentialismus, mit dem er sich im Sommer 1947 beschäftigt hatte. Er schien ihm geeignet, die geistige Basis für einen Dialog zwischen kritischen Christen, Atheisten und Marxisten zu bilden und als Orientierung für den literarischen Neubeginn zu dienen. Andersch wollte der Gruppe 47 anders als Richter eine klare programmatische Ausrichtung geben, womit er sich aber nicht durchsetzen konnte. Als Andersch sich mit Kogon wegen seiner das ›katholische Sittlichkeitsempfinden verletzenden‹ Erzählung *Die Treue* überwarf und aus der Redaktion der *Frankfurter Hefte* ausschied, vermittelte Kogon ihn an Radio Frankfurt, den Sender der amerikanischen Militärregierung. Dort richtete Andersch nach dem Vorbild von BBC und NWDR das ›Abendstudio‹ ein, in dem er ab Herbst 1948 Features und Diskussionsrunden zu kulturellen und politischen Themen sendete. Er ließ dabei ein weites Meinungsspektrum zu, das von Ernst Jünger bis zu Theodor W. Adorno reichte. Die frühen Nachkriegsjahre waren die Blütezeit von Radio und Hörspiel. Auch Andersch begann, Hörspiele zu schreiben; in seinem ersten, *Biologie und Tennis* (Januar 1950), gestaltete er im Rückgriff auf das Leben seines Schwagers Fritz Albert das immer noch aktuelle Thema Antisemitismus. Andersch selbst empfand die Arbeit an diesem Text als ›künstlerischen Durchbruch‹, wie er seiner Mutter schrieb (vgl. Briefe, S. 57).

Mitte 1949 war Andersch mit Gisela Groneuer und ihren Kindern auf die Burg Kerpen in der Eifel gezogen. Am 25. April 1950 heirateten sie. Ende des Jahres begann Andersch mit der Niederschrift seines autobiographischen Berichts *Kirschen der Freiheit*. Darin deutet er seine Desertion in Italien als weichenstellende existenzielle Entscheidung, die fortan den Angelpunkt seines geistigen Lebens bilde. An einer Schlüsselstelle des Texts heißt es über diesen Augenblick: »niemals kann Freiheit in unserem Leben länger dauern als ein paar Atemzüge lang, aber für sie leben wir« (GW 5, S. 410 f.).

Da die Features, die Andersch seit mehreren Jahren für den Hessischen Rundfunk (bis Januar 1949 Radio Frankfurt) geschrieben hatte, ihm bundesweit Anerkennung im Medienbetrieb eingetragen hatten, bot ihm der Schriftsteller und Rundfunkintendant des NWDR Ernst Schnabel (1913–1986) die Leitung der Feature-Abteilung an. Ab 1. April 1952 pendelte Andersch nun pro Monat eine Woche nach Frankfurt und eine Woche nach Hamburg, um zwischendurch in Kerpen an seinen eigenen Texten zu arbeiten. Dieser aufreibende Rhythmus bewog ihn, zum 1. Dezember 1952 mit seiner Familie nach Hamburg umzuziehen, wo er ein großzügiges Haus im Vorort Ohlstedt bewohnte. Zuvor hatte Andersch im Oktober auf der elften Tagung der Gruppe 47 mit großem Erfolg aus seinem soeben erschienenen Buch *Die Kirschen der Freiheit* vorgetragen, dessen Apologie der Desertion im Klima der Aufrüstung als mutiges Gegenwort gewürdigt wurde.

1953 unternahm Andersch eine ausgedehnte Lapplandreise, der in den kommenden Jahren weitere Reisen in den Norden folgen sollten. Er benutzte sie meist als Grundlage für Radiotexte. Als Nebenprodukt seiner Tätigkeit im Hessischen Rundfunk hatte er die literarische Schriftenreihe ›studio frankfurt‹ ins Leben gerufen, in der er von 1951 bis 1953 Texte von Heinrich Böll, Carl Heinz Eickert, Arno Schmidt und zuletzt den Debütband *Die gestundete Zeit* von Ingeborg Bachmann herausgegeben hatte. Zwar zerschlug sich Anderschs Plan, nach dem Konkurs der Frankfurter Verlagsanstalt, wo ›studio frankfurt‹ erschienen war, die Buchreihe im Luchterhand-Verlag fortzusetzen, aber dessen Leiter Eduard Reifferscheidt bot ihm Ende 1954 die Gründung einer literarischen Zeitschrift an. Andersch, der seit der Einstellung des *Ruf* auf eine neue Gelegenheit gewartet hatte, für die Markierung seiner ästhetischen und politischen Positionen wieder ein regelmäßig erscheinendes Printmedium zur Verfügung zu haben, sagte sofort zu und machte sich mit Feuereifer an die neue Aufgabe. Bereits im Januar 1955 erschien die erste Nummer der als Vierteljahrsschrift konzipierten *Texte und Zeichen*. In den drei Jahren ihres Bestehens avancierte sie zur vielleicht anspruchsvollsten literarischen Zeitschrift der 1950er-Jahre. Andersch stellte hier neben zahlreichen Autoren der Gruppe 47 auch Einzelgänger wie Georg Glaser, Wolfgang Koeppen, Nelly Sachs oder den von ihm besonders bewunderten Arno Schmidt (1914–1979) vor. Mit der Veröffentlichung von dessen Prosatext *Pocahontas* in der ersten Nummer handelte er sich sofort einen Prozess wegen Gotteslästerung und Verbreitung unzüchtiger Schriften ein, der aber nach einigen Vernehmungen niedergeschlagen wurde. Zum anderen widmete er einzelne Hefte der französischen, italienischen oder schwedischen Gegenwartsliteratur. Andersch machte die Zeitschrift zum Forum grundsätzlicher Standortbestimmungen der zeitgenössischen Literatur. Bereits im zweiten Heft brachte er den umfangreichen Aufsatz *Die Nationalisierung der Literatur* von Jean-Paul Sartre. 1956 veröffentlichte er seinen eigenen Essay *Die Blindheit des Kunstwerks*, den er im Oktober 1955 auf der siebzehnten Tagung der Gruppe 47 vorgetragen hatte. Dieser Text ist sicher einer seiner ambitioniertesten Beiträge zum ästhetischen Diskurs der 1950er-Jahre und entwickelt aus der Kritik an den ästhetizistischen Positionen von Gottfried Benn und Albrecht Fabri eine Theorie der engagierten Kunst. Nicht zuletzt garantierte auch der Rezensionsteil der Zeitschrift, in der junge Kritiker und Autoren wie Hans Magnus Enzensberger, Joachim Kaiser, Martin Walser oder Siegfried Lenz schrieben, ihre hohe Qualität.

Als Andersch dann am 1. Juni 1955 zum Süddeutschen Rundfunk nach Stuttgart wechselte und neben einem wöchentlichen Nachtprogramm das große Feature-Format ›radio-essay‹ betreute, war er in eine Schlüsselfunktion des westdeutschen Literaturbetriebs gerückt. Enzensberger wurde vier Monate später sein Assistent. Andersch konnte inzwischen auf ein dichtes Netzwerk an Mitarbeitern für seine Radiosendungen zurückgreifen. Für Autoren wie Arno Schmidt oder Wolfgang Koeppen wurden seine Aufträge überlebenswichtig. Wolfgang Koeppen schrieb in einem Brief an Andersch 1979 rückblickend:

> Das sollte berichtet werden. Wie Sie stets ein Kamerad waren, ein Kollege, ein Genosse, Texte und Zeichen machten, das Radio in Stuttgart, für uns, Sie gaben uns Erwerb und Reisen, offene Horizonte. Nicht selbstverständlich für einen Schriftsteller, der ein Schriftsteller ist. Ein letztlich eigennütziger Stand. Sie haben viel für das neue Aussehen der deutschen Literatur getan. Sie sind ein großer deutscher Schriftsteller von Weltrang. (Brief vom 30. Januar 1979; zitiert nach Sansibar ist überall, S. 249)

Am 1. September 1955 zog Andersch mit seiner Familie in ein Haus am Stuttgarter Killesberg. Trotz seines großen Ansehens und Einflusses im Literaturbetrieb fühlte er sich in Deutschland zunehmend unwohler. Der NATO-Beitritt der BRD, die auf ehemalige Nationalsozialisten zurückgreifende Adenauerregierung, der CDU-Wahlsieg, das ganze Klima der Restauration nährten in Andersch den Wunsch, Deutschland zu verlassen. Am 15. September 1957 schrieb er Wolfgang Weyrauch, einem älteren Weggefährten aus den Zeiten des *Ruf*: »Nach den Adenauerwahlen im Herbst wird es jetzt ganz schnell in den Faschismus hineingehen, in einen unangenehmen Faschismus, weil er sich als Demokratie gebärden wird.« (Zitiert nach Reinhardt, S. 289)

Bereits im Sommer 1957, kurz vor Erscheinen von *Sansibar oder der letzte Grund*, hatte Andersch in dem Bergdorf Berzona im schweizerischen Tessin nahe der italienischen Grenze ein Haus erworben. Ab Mitte 1958 lebte er dort in – wie er halb ernst, halb scherzhaft sagte – ›Halbemigration‹ als freier Schriftsteller. Der mit ihm befreundete Dramatiker und Erzähler Max Frisch (1911–1991) wurde 1964 sein Nachbar. Andersch erhielt am 1. September 1972 die schweizer Staatsbürgerschaft. Er starb am 21. Februar 1980 an den Folgen eines Nierenversagens.

2 Zeitgeschichtlicher Hintergrund

Zwar wird in *Sansibar oder der letzte Grund* als Handlungszeitraum der Spätherbst des Jahres 1937 genannt (vgl. S. 8), aber explizite Bezüge auf konkrete historische Ereignisse lassen sich kaum finden. Der Roman arbeitet eher mit einer Anspielungstechnik und der Erzeugung einer bedrohlichen Atmosphäre. Zu dieser Technik gehört, dass Andersch die Nationalsozialisten durchgehend als ›die Anderen‹ bezeichnet.

Er sah sich im Übrigen wegen dieser Wortwahl dem Vorwurf der ›lügnerischen Stilisierung‹ ausgesetzt, den der Kritiker und Autor Reinhard Baumgart im Sommersemester 1965 in einem Vortrag an der Münchner Universität erhoben hatte. Andersch reagierte darauf mit dem erst posthum veröffentlichten Gedicht *Über den Gebrauch zweier Wörter in einem Roman*, in dem er die Benennung ›die Anderen‹ folgendermaßen rechtfertigte:

> ich bestreite den nazis das recht / menschen genannt zu werden // ich meine damit nicht den einzelnen nazi / der einzelne nazi konnte ein mensch sein / wenn er ein mensch war // das prinzip jedoch / das sich unter dem wort nazis zeigte / war außermenschlich // die nazis das waren / die anderen // jeder wußte das / als die nazis herrschten // von stilisierung kann da gar keine rede sein / ich teile eine historische erfahrung mit / die erfahrung / daß es menschen und andere gibt. (GW 6, S. 13 f.)

Von ›lügnerischer Stilisierung‹ kann auch deshalb nicht gesprochen werden, weil im Text, näher besehen, eine ganze Reihe von Hinweisen auf die geschichtliche Situation des Jahres 1937 zu entdecken ist. Wenn Knudsen etwa gleich zu Beginn die etwas verwunderte Feststellung macht, dass »nun,

1938: Häftlinge im Konzentrationslager Sachsenhausen in der 35 Kilometer nördlich von Berlin gelegenen Stadt Oranienburg.

im Jahre 1937, […] die Anderen plötzlich die Schraube an[zogen]« (S. 17), lässt sich das auf die gesteigerte Verfolgung innenpolitischer Gegner beziehen, die man nach der raffinierten Vortäuschung einer angeblichen Weltoffenheit durch die prunkvoll-blendende Inszenierung der Olympischen Sommerspiele 1936 in Berlin beobachten kann. Bald danach setzte eine dichte Folge von politischen Prozessen gegen Sozialdemokraten und Kommunisten ein, bei denen hohe Haftstrafen oder Todesstrafen ausgesprochen wurden. Zur Aufnahme politischer Gegner des Regimes und anderer ›Volksschädlinge‹ dienten auch die neu errichteten Konzentrationslager Sachsenhausen (Juli 1936) und Buchenwald (Juli 1937). Im Romantext nimmt Knudsen direkt auf diese Bedrohung Bezug, wenn er über die Rerik gelegentlich ansteuernden Schiffe aus Dänemark und Schweden sagt: »Wenn ich so einem Steamer nur in die Nähe kommen würde, wäre ich am nächsten Tag in Oranienburg!« (S. 56)

Insgesamt kann man davon ausgehen, dass 1937 die Phase der Konsolidierung des Dritten Reichs abgeschlossen ist. An späterer Stelle im Roman kommt diese Konsolidierung wiederum im Zusammenhang mit Knudsen auf eine deprimierende Weise zur Sprache. Auf das Eintreffen der Plastik wartend, kommt Knudsen der Gedanke, den ›Lesenden Klosterschüler‹ in der Ostsee an einer Stelle zu versenken, wo man ihn nach dem Ende des Nationalsozialismus wieder bergen könne. »Wenn es aber die Anderen immer geben würde – und Knudsen konnte sich eine Welt ohne die Anderen nicht mehr vorstellen –, dann war es schließlich gleichgültig, ob sich dieses Stück Holz in einer Kirche am Ende der Welt befand oder auf dem Grunde der See.« (S. 153 f.) Diese pessimistische Sicht gewinnt an Realitätsgehalt, wenn man die geschichtliche Situation im Spätherbst 1937 näher beleuchtet.

Zu diesem Zweck sei, ohne zu weit auszuholen, an einige Rahmenbedingungen und Ereignisse des zeitlichen Umfelds erinnert. Die Reputation Hitlers bei der deutschen Bevölkerung war 1935 durch den Anschluss des Saarlands weiter angestiegen. Über neunzig Prozent der Wähler hatten im Januar für die ›Rückkehr ins Reich‹ votiert. Nicht weniger hatte der massive Abbau der Arbeitslosigkeit zur Akzeptanz der nationalsozialistischen Staatsführung beigetragen. Hatte das Arbeitslosenheer, dem ja auch Alfred Andersch angehört hatte, 1932/33 mehr als sechs Millionen gezählt, so war die Zahl der Arbeitslosen 1937 erstmals deutlich unter eine Million abgesunken. Freilich, erreicht worden war dieser Erfolg bekanntermaßen durch die Einführung des Reichsarbeitsdienstes, eine der Selbstdarstellung des Nationalsozialismus dienende monumentalisierende Bautätigkeit wie etwa bei der Anlage des Parteitagsgeländes in Nürnberg und eine immense Ankurbelung der Rüstungsindustrie. Ebenso entsprang der forcierte Ausbau des Autobahnnetzes, die Errichtung von

Grenzanlagen und die umfassende Modernisierung der Infrastruktur dem Interesse künftiger militärischer Nutzung. Im März 1935 hatte der Reichstag die Wiedereinführung der allgemeinen Wehrpflicht und die Umstrukturierung der Reichswehr zur Wehrmacht beschlossen. Am 1. November 1935 rückten die ersten Rekruten – es war Anderschs Jahrgang 1914 – ein. Im Monat zuvor war das Dritte Reich aus dem Völkerbund ausgetreten. Im März 1936 ließ Hitler die Wehrmacht widerrechtlich in das entmilitarisierte Rheinland einmarschieren, seit dem Sommer 1936 gewährte er erst heimlich, dann kaum verhohlen dem faschistischen General Franco im Spanischen Bürgerkrieg militärische Hilfe. Diese massive Unterstützung kulminierte in der Bombardierung der Stadt Guernica am 26. April 1937. Auf der einen Monat später eröffneten Pariser Weltausstellung zeigte der spanische Pavillon Pablo Picassos heute berühmtestes Gemälde ›Guernica‹, das diesen vernichtenden Luftangriff auf die heilige Stadt der Basken thematisiert. Die weltanschauliche und militärische Konfrontation, die dem Spanischen Bürgerkrieg zugrunde lag, kam auf der Pariser Weltausstellung in der martialischen Selbstdarstellung des Dritten Reichs und der Sowjetunion, deren Pavillons einander gegenüber lagen, augenfällig zum Ausdruck.

In der Sowjetunion fand gleichzeitig eine regelrechte Prozesswelle gegen angeblich verräterische Kommunisten statt, die meist pauschal als ›Trotzkisten‹ angeklagt wurden. (Leo Trotzki war ein ins Exil geflüchteter Gegenspieler Stalins in der KPdSU gewesen.) Auf ihrem VII. Weltkongress am 25. Juli 1935 in Brüssel hatte die Komintern (Kommunistische Internationale) eine wichtige Korrektur ihrer politischen Strategie beschlossen. Die verhängnisvolle Sozialfaschismus-Theorie, die in den Sozialdemokraten als den eigentlichen ›Arbeiterverrätern‹ den Hauptfeind im Klassenkampf gesehen und nicht wenig dazu beigetragen hatte, dass der Nationalsozialismus in Deutschland an die Macht kommen konnte, wurde nun durch die Volksfront-Strategie abgelöst. Diese Strategie wollte alle antifaschistischen Kräfte zu einem Bündnis zusammenführen. Gregor spielt auf diesen Strategiewechsel an, wenn er Knudsen den ›Parteibefehl‹ gibt, den ›Lesenden Klosterschüler‹ nach Schweden zu bringen: »Hör mal zu, Knudsen, sagte Gregor, du kennst die neue Taktik der Partei nicht! Wir arbeiten jetzt mit allen zusammen: mit der Kirche, mit den Bürgern, sogar mit den Leuten von der Armee. Mit allen, die gegen die Anderen sind.« (S. 64) Knudsen verrät mit seiner Antwort, dass er noch der Orientierung auf einen rein proletarischen Klassenkampf anhängt: »Ich will nicht mit den Bürgern zusammenarbeiten [...]. Wenn wir rechtzeitig geschossen hätten, könnten wir uns jetzt solche Fisimatenten sparen.« (S. 64 f.)

Die Konsolidierung des Dritten Reichs schlug sich auch in der antijüdischen und allgemein rassistischen Gesetzgebung nieder. Eine wichtige Station markiert dabei der 7. Reichsparteitag der NSDAP im September 1935 in Nürnberg. Hier wurden das ›Reichsbürgergesetz‹, das den Juden die staatsbürgerliche Gleichstellung entzog, und das ›Gesetz zum Schutz des deutschen Blutes und der deutschen Ehre‹, das die Eheschließung zwischen Juden und deutschen Staatsbürgern verbot und sogar den außerehelichen Geschlechtsverkehr zwischen ihnen unter Strafe stellte, beschlossen. Beide Gesetze wurden vom Reichstag umgehend erlassen. (Als Bekräftigung von Anderschs Unterscheidung zwischen Mensch und Nationalsozialismus könnte man darauf hinweisen, dass der bekannte Staatsrechtler Carl Schmitt als Vorsitzender der Fachgruppe Hochschullehrer im NS-Juristenbund nach Erlass der Nürnberger Gesetze gefordert hatte, den Rechtsbegriff ›Mensch‹ abzuschaffen, da er ›die Verschiedenheiten von Volksgenosse, Reichsbürger, Ausländer und Jude‹ verdecke.)

Auch Knudsens Sorge um seine leicht debile Frau Bertha besitzt einen konkreten historischen Bezug. Am 14. Juli 1933 war mit dem ›Gesetz zur Verhütung erbkranken Nachwuchses‹ ein Gesundheitspass eingeführt worden. In der Folgezeit begann die Verlegung von geistig und körperlich Behinderten aus kirchlichen Pflegeheimen in staatliche Einrichtungen, in denen das nationalsozialistische Euthanasie-Programm anlief. Die am 14. März 1937 von Papst Pius XI. veröffentlichte Enzyklika *Mit brennender Sorge*, die die Vergötzung einer Rasse kritisierte und am Begriff des menschlichen Naturrechts festhielt, durfte im Dritten Reich nicht gedruckt und verbreitet werden. Noch drastischer ging die Staatsführung gegen die evangelische Bekennende Kirche vor, der im Roman Pfarrer Helander nahesteht. Allein im Juni 1937 wurden sechzig ihrer Anhänger verhaftet, am 1. Juli dann ihr prominenter Repräsentant Martin Niemöller (1892–1984).

1937 ist auch das Jahr, in dem die nationalsozialistische Kunstpolitik in eine neue Phase eintrat und eine Offensive gegen alle in ihrer Formensprache moderne Kunst startete. Die Denunziation dieser Kunst gipfelte in der am 19. Juli 1937 eröffneten Ausstellung ›Entartete Kunst‹ in München, die mit großem propagandistischen Aufwand begleitet wurde. Die Verhöhnung und Beschimpfung der dort ausgestellten Kunstwerke (etwa als ›Ausgeburten des Wahnsinns‹) hinderte die Nationalsozialisten freilich nicht daran, einen großen Teil des Bestands an Bildern der klassischen Moderne (so Beckmann, Gauguin, Kokoschka, Munch, Picasso und Van Gogh etwa aus dem Kölner Wallraf-Richartz-Museum) im Ausland zu versteigern. Hermann Göring, der am 1. Juli an die Spitze der Preußischen Akademie der Künste getreten war, ordnete am 3. August an, alle ›entartete Kunst‹ aus öffentlichen Sammlungen zu entfernen. Der ›Säuberungsaktion‹ fielen in kurzer Zeit fast vierhundert Werke von Ernst Barlach zum Opfer.

3 Entstehungsgeschichte

Pfingsten 1954 entschloss Andersch sich auf einem langen Spaziergang in den Dolomiten, den lang gehegten Wunsch in die Tat umzusetzen, endlich einen Roman zu schreiben. Mit der Niederschrift von *Sansibar oder der letzte Grund* begann er im Jahre 1955. Zu diesem Zeitpunkt trug der Text allerdings noch den Arbeitstitel ›Graues Licht‹. Andersch hat in einigen Selbstzeugnissen Auskunft über autobiographische Voraussetzungen für die Entstehung des Textes mitgeteilt. So heißt es in *Die Kirschen der Freiheit* im Rückblick auf das Jahr 1938: »Suchte das Meer auf, das ich nun endlich sah, grellblau hinter den roten Riesentürmen von Wismar, opalgrau jenseits der Deiche von Husum.« (GW 5, S. 363) Als Andersch 1958 eine Episode aus *Sansibar oder der letzte Grund* zu dem Hörspiel *Aktion ohne Fahnen* umarbeitete, schickte er diesem eine einleitende Bemerkung voraus, die die biographische Reminiszenz präzisiert:

> Ich erinnere mich einer Wanderung entlang der Küste Mecklenburgs, im Spätherbst 1938. Die letzten Badegäste hatten Brunshaupten [heute Kühlungsborn, J. E.] und Heiligendamm verlassen, die Sandstrände lagen leer und weiß zwischen den Kiefersäumen und dem Meer, das blau, ultramarinblau und unaufhörlich, sich vor der Küste entrollte. Der Wind vom Meer wusch den Himmel klar, er fegte um die dunkelroten Türme der Kirchen, der Kirchen von Lübeck und Wismar, Doberan und Rostock. (Zitiert nach Niggemeier, S. 19)

In einem Gespräch mit dem Schriftstellerkollegen Horst Bienek erklärte er die Motivation zur Niederschrift des Romans durch »die immer anhaltende, allmählich eine Art magische

Qualität annehmende Erinnerung an eine Wanderung, die ich im Jahre 1938 an der mecklenburgischen Ostseeküste unternahm« (GW 7, S. 489).

Mit dieser landschaftlich-atmosphärischen Magie, die als Impuls zur literarischen Gestaltung wirkte und aus der die erste Titelidee ›Graues Licht‹ erwachsen war, verschmolz als Stoff die Verarbeitung eines tief sitzenden Schuldempfindens und persönlichen Versagens. Anderschs Biograph Stephan Reinhardt schrieb dazu:

> Das Schicksal seiner ersten Schwiegermutter, die im KZ Theresienstadt ermordet wurde, und die Schuldgefühle gegenüber seiner ersten Frau Angelika drängten sich nach vorn. Die Rettung der Jüdin Judith – Angelika hatte er ja gerade nicht gerettet, nicht retten können – verband er mit der Rettung von Barlachs Plastik ›Der lesende Klosterschüler‹ und dem Rückgewinn menschlicher Würde in einer schier aussichtslosen Situation. (Reinhardt, S. 238)

Bereits in der Kurzgeschichte *Fräulein Christine,* die im Juni 1945 pseudonym (unter dem Namen Anton Windisch) noch im amerikanischen *Ruf* erschienen war, hatte Andersch zwei Barlachskulpturen quasi als moralischen Prüfstein zur Unterscheidung von Gut und Böse verwendet. In dieser Erzählung verarbeitet Andersch die mit seiner ersten Frau Angelika 1936 unternommene Reise nach Zürich, eine ungenutzt gebliebene Möglichkeit, frühzeitig ins Exil zu gehen. In *Fräulein Christine* berichtet die Protagonistin von einem Besuch im Zürcher Kunsthaus, wo die beiden Holzplastiken Barlachs ›Der Wanderer‹ und ›Der Rächer‹ sie durch ihre »Körper, in denen der Geist weht« (GW 4, S. 113), fasziniert haben. Wieder zurück in München stößt sie mit ihrer Begeisterung bei dem in sie verliebten jungen Kunsthistoriker Dr. Witte auf wenig Verständnis. Er warnt sie vor »der slawischen Sirenen-Melodie Barlachs« mit ihrer »lastenden Schwermut«, weil ihm das Wesen des Nordischen, »das Heroische, das Pathos im besten Sinne, das wir heute brauchen«, fehle (GW 4, S. 113). In der Gestalt des Dr. Witte, der auf »glatte und gewandte« Weise (GW 4, S. 113) die neuen Kunstansichten vertritt, ist der opportunistische Konservator, der den ›Lesenden Klosterschüler‹ magazinieren will, deutlich präfiguriert. Auf Barlach hingewiesen wurde Christine schon vor der Reise durch den schreibenden Schlosser Werner Rott, eine frühe autobiographische Projektionsfigur in Anderschs Prosa, für den sie in Zürich eine Exilstätte einrichten sollte. Nach dem Gespräch mit Witte will sie ihn anrufen und erfährt von seiner Mutter, dass er in der Zwischenzeit verhaftet wurde. Die Haltung zur Kunst Barlachs fungiert also schon in dieser Erzählung von 1945 als weltanschauliches Distinktionsmittel.

Einen Verlag hatte Andersch für seinen Roman nicht von Anfang an. Die Frankfurter Verlagsanstalt, in der 1952 sein autobiographischer Bericht *Die Kirschen der Freiheit* erschienen war, existierte nicht mehr. Zwar hatte der Claassen-Verlag 1955 eine Neuausgabe dieses Buchs gebracht, zeigte aber kein Interesse an Anderschs aktueller Arbeit. So reagierte er positiv auf das 1956 erfolgende Angebot des schweizer Schriftstellers und Verlegers Otto F. Walter, sein nächstes Buch im Walter-Verlag herauszubringen (vgl. GW 7, S. 481). Er hatte in diesem Jahr jeden verfügbaren Moment am Roman gearbeitet und im Juli etwas mehr als die Hälfte geschafft. Mit der Handschrift war er im Dezember fertig, Ende Januar 1957 schickte er das Typoskript, das jetzt den Titel ›Graues Morgenlicht‹ trug, an den Verlag, wo es Begeisterung auslöste. Anfang April las Andersch die Fahnenkorrektur und baute in diesem Arbeitsschritt auf Anregung von Otto F. Walter die Figur des Jungen zu größerer Plastizität aus. Erst bei dieser teils erheb-

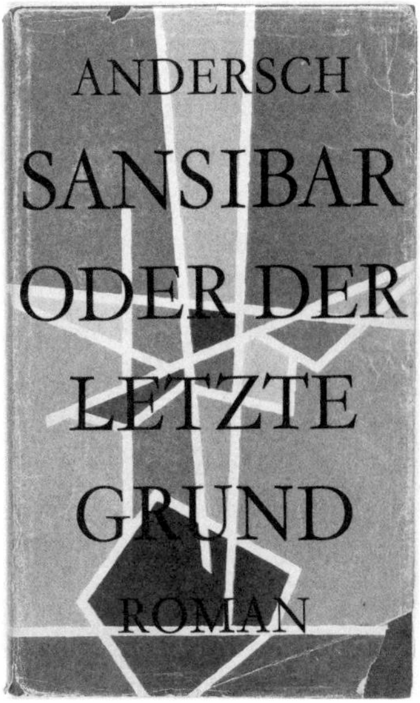

Buchumschlag der 1957 im Walter-Verlag erschienenen Erstausgabe des Romans.

lichen Verlängerung der aus der Sicht des Jungen erzählten Abschnitte fügte Andersch die drei Gründe für dessen Wunsch, Rerik zu verlassen, hinzu. Otto F. Walter kam durch diese Ergänzung auf die Idee, Andersch als neuen Titel *Sansibar oder der letzte Grund* vorzuschlagen. Andersch dankte Walter ausdrücklich in einem Brief vom 20. Mai für seine Titelidee, die dem Wesen des Buches viel mehr entspreche »als der alte, ein wenig zu sichere Titel«. Andersch erhielt Mitte August die ersten Vorausexemplare und war von der Gestaltung sehr angetan. An den Verlag schrieb er: »Es ist unerhört schön gemacht. Und unerhört sorgfältig.« (Zitiert nach Reinhardt, S. 288) Etwa zeitgleich mit der Auslieferung brachten die drei Zeitschriften *Akzente, Frankfurter Hefte* und *Texte und Zeichen* Auszüge aus dem Roman. Die Startauflage betrug 5000 Exemplare. Andersch schrieb Otto F. Walter, er habe das Gefühl, dass das Buch »sich über lange Zeit hin, vielleicht auf sehr lange Zeit hin, verkaufen wird« (zitiert nach Reinhardt, S. 285). Ende September erschien der Roman und löste ein breites Echo aus (siehe Kapitel VI). Teils noch vor der Auslieferung schloss Andersch Verträge für Ausgaben in Frankreich, England und den USA. Übersetzungen ins Italienische, Niederländische und Polnische folgten ebenfalls bald. Noch vor Jahresende konnte Andersch mit dem SDR einen Kontrakt für eine Fernsehfassung von *Sansibar* abschließen, deren Drehbuch Leopold Ahlsen schrieb.

Den Stoff des Romans verwendete Andersch bald darauf für sein Hörspiel *Aktion ohne Fahnen*, das am 9. Juni 1958 vom Hessischen Rundfunk ausgestrahlt wurde. Die Handlung ist hier ganz auf das Vorspiel zur Rettung von Barlachs Plastik konzentriert. Weder der Junge noch Judith kommen vor, auch Helanders Tod bleibt ausgeblendet. Das Hörspiel besteht aus dem Dialog zwischen Helander und Knudsen am Hafen und dem anschließenden Gespräch zu dritt in der Kirche. Ergänzt ist es um eine Erzählerstimme, die ausführliche Informationen zu Barlach liefert. Die eigentliche Rettungsaktion bleibt außerhalb des Geschehens, ihr Gelingen wird lediglich kurz vom Erzähler erwähnt.

II Inhaltsangabe

Die Handlung spielt an zwei Tagen im Oktober des Jahres 1937 in dem mecklenburgischen Hafenstädtchen Rerik. Vermutlich handelt es sich um Freitag, den 29., und Samstag, den 30., da im Text sowohl von einem »späten Oktobertag« (S. 74) als auch von einem Freitag (vgl. S. 111) die Rede ist. (Diese Datierung gewinnt noch an Wahrscheinlichkeit, wenn man das aus *Sansibar oder der letzte Grund* hervorgegangene Hörspiel *Aktion ohne Fahnen* hinzuzieht, dessen Erzähler eingangs von seiner Wanderung an der Ostseeküste im Spätoktober spricht.)

Es gibt keinen eindeutig hervorgehobenen Protagonisten, sondern ein halbes Dutzend Figuren, deren Wege geschildert werden, welche sich zum Teil berühren. Der Text ist in 37 nicht nummerierte Abschnitte gegliedert und beginnt mit der Fluchtfantasie eines namenlos bleibenden knapp sechzehnjährigen Jungen, der in seinem Versteck in Mark Twains Abenteuerroman *Tom Sawyer und Huckleberry Finn* liest. Er sehnt sich aus Rerik fort, weil dort erstens nichts los ist und er zweitens die Leute hasst, die seinem auf See verschollenen Vater übel nachreden und Trunksucht unterstellen. Der dritte und letzte, erst im 25. Abschnitt nachgereichte Grund ist die Entdeckung Sansibars auf einer Karte des Indischen Ozeans, die seiner Sehnsucht ein Ziel gibt (vgl. S. 94 f.).

Als zweite Figur tritt Gregor auf, ein Funktionär des kommunistischen Jugendverbands, der aber innerlich dem Kommunismus abgeschworen hat. Er ist von der Partei nach Rerik beordert worden, um dort mit dem alten Parteimitglied und Fischer Knudsen Kontakt aufzunehmen und die illegale Parteizelle nach dem neuen »Fünfergruppensystem« (S. 53) zu reorganisieren. Gregor kommt mit der Absicht nach Rerik, von dort aus aus Deutschland zu fliehen. Als Gregor mit dem

Fahrrad auf Rerik zurollt, ist er von den hoch aufragenden Zwillingskirchtürmen überrascht. Sie erinnern ihn an ein Manöver der sowjetischen Roten Armee am Schwarzen Meer, an dem er als Student der Lenin-Akademie teilgenommen hat. Das Manöver endete mit der Einnahme der Küstenstadt Tarasovka, deren Anblick Gregor mehr fasziniert hatte als der erfolgreiche Abschluss der Militärübung. Diesen Moment, in dem der erste Riss in seiner ideologischen Weltsicht entstand, vergegenwärtigt sein Blick auf Reriks Silhouette.

Knudsen ist der Partei ebenfalls innerlich untreu geworden. Er trägt ihr das Versagen bei Hitlers Machtübernahme nach, als sie es versäumte, den Bürgerkrieg zu entfachen. Er ist in Rerik völlig isoliert und zusätzlich hilflos, weil er auf die Lage seiner geistig behinderten Frau Bertha Rücksicht nehmen muss. Sie sollte bereits einmal in eine Anstalt eingewiesen werden, was Knudsen mit Unterstützung eines wohlmeinenden Arztes verhindern konnte. Er hatte die Androhung dieser Einweisung als eine Warnung der Anderen an ihn gedeutet, sich politisch ruhig zu verhalten. An dieser Stelle werden die Nationalsozialisten erstmals, wie das ganze Buch hindurch, ›die Anderen‹ genannt. Andersch übernimmt diese Bezeichnung aus dem Roman *Die unsichtbare Flagge* von Peter Bamm (1897–1975), der 1952 erschienen war.

Knudsen hätte eigentlich schon wie die übrigen Reriker Fischer mit seinem Kutter ›Pauline‹ zum Dorschfang auslaufen müssen, aber ein Parteifunktionär aus Rostock hat ihm das Kommen eines ›Instrukteurs‹ angekündigt, mit dem er sich in der Kirche St. Georgen treffen soll. Widerwillig fügt sich Knudsen dieser Anweisung. Noch bevor es zu dem Treffen kommt, sucht Helander, der protestantische Pfarrer von St. Georgen, mit Knudsen Kontakt, um ihn um Hilfe zu bitten. In der Kirche befindet sich die Plastik des ›Lesenden Klosterschülers‹, die den Nationalsozialisten als Beispiel von entarteter Kunst gilt. Helander hatte am Vortag Besuch von einem jungen opportunistischen Kunsthistoriker gehabt, der ihn dazu überreden wollte, seine Zustimmung zur Magazinierung der Plastik zu geben. Helander hatte dieses Ansinnen jedoch zurückgewiesen und sucht nun dringend nach einer Möglichkeit, die Figur vor dem Zugriff der Nationalsozialisten zu retten. Dafür bleibt ihm auch deshalb nicht viel Zeit, weil er eine schwärende Wunde an seinem amputierten Bein hat, die aufzubrechen droht. Er weiß, dass er von seinen geistlichen Kollegen keine Unterstützung erwarten kann, weil sie ein modernes Kunstwerk in einer Kirche deplatziert finden oder ohnedies mit dem Nationalsozialismus sympathisieren. Helander hadert aber auch mit Gott selber, den das Schicksal der Menschen offenbar gleichgültig lässt. Vergeblich starrt der Pfarrer immer wieder auf die riesige Ziegelwand des Querschiffs seiner Kirche, auf die die Fenster des Pfarrhauses blicken und auf der er ein Zeichen Gottes erwartet.

Helander geht zum Hafen, wo er Knudsen alleine auf seinem Kutter antrifft. Helanders Bitte, die Figur, die von einem verfemten Künstler stammt, mit seinem Fischerboot nach Schweden in Sicherheit zu bringen, schlägt Knudsen ihm jedoch ab. Er wolle für eine Fahrt im Dienst der Kirche nicht sein Leben riskieren. Als Helander fragt, ob er für seine Partei nach Schweden fahren würde, bricht die politische Frustration für einen Moment aus Knudsen hervor. Helander erkennt, dass Knudsen ebenso mit seiner Haltung zur Partei ringt wie er mit derjenigen zur Kirche.

Inzwischen ist eine weitere Person in Rerik eingetroffen, Judith Levin. Ihre Situation ist besonders bedrohlich, denn sie ist Jüdin, Tochter einer wohlhabenden Kaufmannsfamilie in Hamburg. Ihre Mutter wählte wegen der politischen Situation den Freitod und empfahl Judith, sich von Rerik aus nach Schweden zu retten. Judith macht sich dorthin auf den Weg und steigt im Gasthaus ›Wappen von Wismar‹ ab, wo sie sich im Gästebuch unter dem falschen Namen ›Leffing‹ (statt des typisch jüdischen ›Levin‹) einträgt. Rasch erkennt sie jedoch, dass Rerik eine Falle ist. Der aufdringliche Wirt spürt schnell, dass an ihr ›etwas faul ist‹, und versucht, sie mit der Forderung nach Vorlage ihres Passes in die Enge zu treiben und zu sexuellen Gegenleistungen für sein Schweigen zu nötigen. Das Einlaufen eines schwedischen Dampfers lässt sie einen verzweifelten Fluchtplan fassen.

Knudsen macht sich leicht verspätet auf den Weg zur Kirche St. Georgen, um den Partei-Instrukteur zu treffen. Gregor hat inzwischen die Kirche durch ein Seitenportal betreten und sinnt über seine Möglichkeiten zur Flucht aus Deutschland nach. Schließlich fällt sein Blick auf die Figur des ›Lesenden Klosterschülers‹, die sofort sein Interesse weckt. Zuerst glaubt er, in ihr sich selbst wiederzuerkennen, wie er auf der Lenin-Akademie hingebungsvoll die Texte der marxistischen Klassiker studiert hatte. Aber bei näherer Betrachtung entdeckt er einen wesentlichen Unterschied in ihrer Lesehaltung. Der lesende Klosterschüler macht auf ihn den Eindruck, als könne er sich jederzeit erheben und etwas anderes, ganz Eigenes tun. Auch glaubt Gregor in der Lesehaltung der Figur eine kritische Distanz zum Text zu erkennen, die seiner Art der Lektüre gefehlt hatte.

In diesem Moment betritt Knudsen die Kirche. Die Verabredung im Gotteshaus ist ihm unangenehm, weil er fürchtet, an diesem von ihm immer gemiedenen Ort beobachtet zu werden und Aufmerksamkeit zu erregen. Für Gregors Fünfergruppen-Auftrag hat er nur Hohn übrig, weil er der letzte Kommunist in Rerik ist. Gregor erkundigt sich, ob er mit seinem Boot nicht einen Parteikurier nach Schweden bringen könne, und als Knudsen sich störrisch zeigt, offenbart Gregor ihm seine Fluchtabsichten und legt ihm nahe, gemeinsam

Michael Gwisdek als Knudsen und Peter Kremer als Gregor in Bernhard Wickis Verfilmung des Romans aus dem Jahr 1987.

nach Schweden zu fliehen. Knudsen schüttelt nur den Kopf. Er will Bertha nicht im Stich lassen. In dieser Situation taucht Helander auf und verleiht seiner Verwunderung über den ungewöhnlichen Kirchgänger Knudsen Ausdruck. Als Helander den Grund von Knudsens Anwesenheit durchschaut, empört er sich darüber, dass dieser und der Fremde die Kirche als Stätte kommunistischer Konspiration missbrauchen; aber Gregor verteidigt diese Wahl mit dem Argument, eine Kirche sei einer der letzten Plätze, wo sich die Gegner der Anderen treffen könnten, und im Übrigen seien Knudsen und er ja keine ›Wechsler und Händler‹ (wie sie Jesus aus dem Tempel von Jerusalem gewiesen hatte). Helander fragt Knudsen, ob er seine Meinung hinsichtlich des Abtransports der Figur geändert habe. Auf Knudsens wiederholte Weigerung entgegnet Helander, die Rettung der Figur wäre eine angemessene Gegenleistung für die Nutzung seiner Kirche als konspirativer Treffpunkt. Als Gregor den Gegenstand des Streits erkennt, leuchtet ihm die Gefährdung der Plastik durch die Anderen sofort ein. Er mischt sich spontan ein und erteilt Knudsen den Parteibefehl, die Figur nach Schweden zu bringen. Gregor begründet seinen Befehl mit der neuen Taktik der Kommunistischen Partei, im Widerstand gegen die Anderen auch mit Bürgerlichen zusammenzuarbeiten. Knudsen sagt hasserfüllt, Gregor suche nur einen Vorwand, um sich nach Schweden bringen zu lassen, aber Gregor versichert, von dieser Gelegenheit keinen Gebrauch machen zu wollen. Obwohl Knudsen die Kirche mit der Ankündigung verlässt, um 17 Uhr mit der ›Pauline‹ abzulegen, schlägt Gregor Helander ein Treffen um Mitternacht in der Kirche vor, um die Figur transportfertig zu machen.

Gregor erhält von Helander den Schlüssel fürs Kirchenportal und begibt sich zum Hafen. Dort fällt ihm sofort Judith auf, die zwischen den Einheimischen fremd wirkt. Sie beobachtet die an Land gehenden Seeleute des schwedischen Dampfers ›Kristina‹ und folgt ihnen ins ›Wappen von Wismar‹. Gregor sieht Knudsen auf seinem Kutter hantieren und Bertha, die ihm den Proviant bringt. Instinktiv betet er, dass Knudsen bleiben möge. Als Judith das Gasthaus betritt, durchschaut Gregor ihren Plan und folgt ihr. Es gelingt Judith tatsächlich, sich im ›Wappen von Wismar‹ von einem angetrunkenen schwedischen Offizier ›anbaggern‹ zu lassen. Der Wirt, der ›ältere Rechte‹ an Judith zu haben glaubt und sich gleichzeitig vor den einheimischen Gästen als Hüter der Moral aufspielen möchte, versucht, dem Schweden Einhalt zu gebieten. Der Konflikt droht zu einer Schlägerei zu eskalieren. In diesem Moment greift Gregor durch die laut gestellte Frage nach einem Zimmer ein und lenkt die Aufmerksamkeit des Wirtes auf sich. Judith verlässt mit dem Schweden das Lokal und lässt sich von ihm mit aufs Schiff nehmen, wo er ihr einen Whisky anbieten möchte. Als Steuermann verfügt er jedoch nicht über den nötigen Schlüssel zur Bar und gerät zunehmend in Verlegenheit. Judith spürt, dass ihm ihre allzu rasche Bereitwilligkeit peinlich ist und er sie gerne wieder loswerden würde. Als er schließlich mit einer Flasche Limonade auftaucht, bricht Judith in ein hysterisches Gelächter aus und verlässt unter Tränen das Schiff.

Gregor erklärt dem Wirt gegenüber, er müsse noch sein Gepäck vom Bahnhof abholen. Nebenbei lässt er die Bemerkung fallen, dass er die junge Frau, die mit dem Schweden abgezogen sei, nicht für eine Nutte halte, sondern bloß für ein Mädchen aus der Stadt, das einmal etwas erleben wolle. Er hofft, Judith damit den Zeitgewinn zu verschaffen, den er für ihre Rettung braucht. Gregor hat nämlich spontan den Plan gefasst, die Aktion ›Lesender Klosterschüler‹ mit einer Aktion ›Jüdisches Mädchen‹ zu verknüpfen und beiden gemeinsam zur Flucht nach Schweden zu verhelfen. Als er das ›Wappen von Wismar‹ verlässt, bemerkt er zu seiner Erleichterung, dass Knudsen entgegen seiner Ankündigung doch nicht abgelegt hat. Gregor springt auf Knudsens Boot und lässt sich dessen Plan zur Übernahme der Figur erläutern. Von seinem Plan, auch ein jüdisches Mädchen mitzubringen, sagt er nichts. Kurz nachdem Gregor wieder fort ist, kommt der Junge. Knudsen hatte ihn zu seiner Verwunderung am Spätnachmittag wieder nach Hause geschickt. Er hatte die Zeit in seinem Versteck verbracht, erst im *Huckleberry Finn* gelesen, dann Landkarten studiert und Sansibar entdeckt. Nun hat er für seine Sehnsucht ein Ziel. Um 23 Uhr legt die ›Pauline‹ ab.

Helander erhält am Abend Besuch von seinem Hausarzt Dr. Frerking, weil ihn sein Beinstumpf quält. Frerking empfiehlt ihm dringend, sich noch in der Nacht ins Krankenhaus nach Rostock bringen zu lassen. Helander lehnt den Transport im Krankenwagen ab, er möchte lieber mit einem privaten Taxi fahren. Die Notwendigkeit seiner sofortigen Abreise begrüßt Helander zunächst wie eine Art Gottesurteil, das ihn vor der unausweichlichen Verhaftung nach dem Verschwinden der Plastik und damit einem Martyrium aus Folter und Schmerz bewahren könnte. Vor dem Telefonapparat sitzend, mit dem er das Taxi rufen möchte, versinkt Helander in Betrachtungen über die Existenz Gottes. Der Sieg der Anderen ist für ihn ein Indiz für die Ferne Gottes. Schließlich wächst in ihm der Gedanke, dass der Verzicht auf die Fahrt nach Rostock und die Konfrontation mit den Anderen die Nähe Gottes beglaubigen könnte. Hin- und hergerissen zwischen Mut und Angst fällt Helander in einen unruhigen Schlaf.

Die ratlos auf dem Hafenkai stehende Judith wird derweil von Gregor angesprochen, der ihr die Möglichkeit zur Flucht offeriert. Ohne sich nur einen Moment zu besinnen, begleitet Judith ihn zur Kirche St. Georgen. Gregor fühlt sich durch ihre Gegenwart an seine Geliebte Franziska erinnert, mit der er gemeinsam von Berlin nach Moskau auf die Lenin-Akademie gegangen und die nach seiner Rückkehr von dem Manöver am Schwarzen Meer spurlos verschwunden war. Einen Moment empfindet er beinahe so etwas wie Ärger, dass er sich jetzt für die Rettung einer reichen Bürgerstochter einsetzt, während er seiner Genossin und Geliebten nicht hatte helfen können. Um Mitternacht erscheint Helander in der Kirche, und der ›Lesende Klosterschüler‹ wird von Gregor, Judith und dem Pfarrer von seinem Sockel abgeschraubt und verpackt. Helander bleibt in der Kirche zurück und betet ein lautloses Vaterunser, das Gregor als Segen verweigert hatte.

Gregor und Judith tragen die Plastik zu der Stelle, wo der Junge mit dem Beiboot der ›Pauline‹ im Haff wartet. Bei starkem Gegenwind rudern sie nahe der Küstenlinie entlang und halten sich von der Fahrrinne möglichst fern, auf der ein motorisiertes Zollboot patrouilliert. Der Lichtfinger seines Suchscheinwerfers verfehlt sie einmal nur um Haaresbreite.

Endlich erreichen sie die Lotseninsel, auf deren seewärtiger Seite Knudsen mit dem Kutter um 2 Uhr nachts angelegt hat. Knudsen hat sich in der Zwischenzeit überlegt, die Plastik auf offener See über Bord zu werfen. Dann bliebe ihm die Chance, mit Netzen voller Dorsch nach Rerik zurückzukehren und damit seiner verspäteten Ausfahrt einen unauffälligeren Anstrich zu geben. Das Auftauchen von Judith führt eine Szene herbei, die alle Merkmale eines Showdown hat. Als Gregor von Knudsen verlangt, Judith mitzunehmen, weigert sich dieser, weil das seinen Plan unausführbar machen würde. Er hält Judith zudem für die Freundin von Gregor und unterstellt ihm die Spekulation, dass nichts mehr gegen seine Mitnahme spräche, wenn er das Mädchen an Bord nehme. Knudsen fordert den Jungen, der die Plastik an sich genommen hat, auf, mit ihm aufs Boot zu kommen, und wendet sich ab. In diesem Moment schlägt Gregor den Fischer vor die Brust. Es entwickelt sich ein kurzer heftiger Kampf, aus dem Gregor als Sieger hervorgeht. Zu Gregors heimlichem Bedauern bejaht der Junge seine Frage, ob er das Schiff alleine nach Schweden fahren könne. Als Knudsen, der noch immer benommen am Boden liegt, realisiert, dass Gregor tatsächlich nicht mit an Bord gehen will, erklärt er seine Bereitschaft, das Schiff selbst zu steuern. Die ›Pauline‹ mit Knudsen, dem Jungen, Judith und dem ›Lesenden Klosterschüler‹ sticht in See, Gregor bleibt alleine zurück und gräbt sich eine Sandkuhle, um bis zum frühen Morgen zu schlafen. Dann geht er wieder nach Rerik (die Lotseninsel ist eine Halbinsel) und holt sein Fahrrad, das immer noch am Pfarramt von St. Georgen lehnt. Er sieht Helander im Fenster des Pfarrhauses stehen und gibt ihm ein Zeichen, dass die Rettung von Judith und der Plastik gelungen sei. Dann radelt er davon.

Helander hat eine qualvolle Nacht hinter sich. Trotz Schmerztabletten konnte er nicht durchschlafen, trostlose

Träume haben ihn heimgesucht und immer wieder hat er mit seinem Glauben und seiner Entscheidung zum Widerstand gerungen. Kurz nach Gregors Abfahrt holt Helander seinen Revolver aus der Schreibtischschublade und füllt die Trommel mit sechs Schuss. Einen Moment überlegt er, ob er nur eine Patrone für den Suizid benötigt, aber dann bleibt er bei seinem Entschluss, sich zu wehren. Er ist gerade fertig, als auch schon die erwartete schwarze Limousine vorfährt. Zwei Uniformierte und zwei Männer in Zivil steigen aus und betreten die Kirche. Als sie entdecken, dass die Plastik verschwunden ist, dringen sie ins Pfarramt ein. Helander erwartet sie ans Fenster gelehnt. Den ersten Zivilisten schießt er nieder. Sich umwendend, erblickt er die ersehnte Schrift auf der Ziegelwand der Kirche. Im selben Augenblick stirbt er im Kugelhagel.

Am Nachmittag desselben Tages erreicht die ›Pauline‹ die schwedische Küste, wo Judith die Plastik zum Propst von Skillinge bringt. Als Knudsen, der ihr den Weg gezeigt hat, zum Kutter zurückkommt, ist der Junge verschwunden. Seit er begriffen hat, dass die Figur außer Landes gebracht wird, hat er dem Augenblick entgegengefiebert, seinen Traum vom Aufbruch in die Ferne zu verwirklichen. Auf dem Schiff hatte Judith ihm erklärt, der ›Lesende Klosterschüler‹ müsse aus Deutschland weg, um alles lesen zu können, was er möchte. Das hatte ihn auf die Idee gebracht, sich als ›Politischer‹ auszugeben, damit man ihn nicht zurückschicke. Judith hatte die Gefahr erkannt und ihn inständig gebeten, Knudsen nicht im Stich zu lassen; aber die Chance auf Freiheit wirkt zunächst stärker als ihre Ermahnung. Der Junge rennt sofort in den Wald, entdeckt eine Blockhütte und verlebt einige Stunden wie sein Vorbild Huckleberry Finn. Der Roman endet damit, dass der Junge zum Steg zurückläuft, die ›Pauline‹ noch dort liegen sieht und – ohne sich noch ein Mal umzudrehen – zu Knudsen an Bord geht.

III Analyse und Deutung

1 Form

Erzähltechnik

Es dürfte kein Zufall sein, dass Gregor gleich auf der zweiten Seite des Romans bei der Betrachtung der Kiefernallee die Assoziation einer »Konstruktion aus hellen Stangen« (S. 8) hat. Der Begriff ›Konstruktion‹, der hier als Kategorie der Wahrnehmung benutzt wird, führt ins Zentrum der erzählerischen Gestaltung von Anderschs Roman. Seine Schreibweise ist in hohem Maße artifiziell in dem Sinn, dass seine Texte bewusst durchkomponiert sind. Sie fingieren keine spontane, gewissermaßen genialische oder reiner Inspiration entsprungene Entstehung, sondern geben dem aufmerksamen Blick ihr intellektuelles ›Gemacht-Sein‹ klar zu erkennen. Diese Vorgehensweise ist für Anderschs literarische Texte insgesamt typisch. Der Schriftsteller Uwe Timm hat 1994 in einer Rede betont, »wie sehr gebaut die Romane dieses Autors sind, wie alles auf Widerspruch und Gegensatz in kognitiven, emotionalen, sozialen Situationen angelegt ist« (Timm, S. 173). Timm nannte »die Bauformen der Romane […] ästhetische Konstrukte« (ebenda), die sich aus Anderschs dialektischem Verfahren der Konstellation widersprüchlicher Positionen ergeben. Aus Anderschs begeisterter Rezension von Wolfgang Koeppens Roman *Der Tod in Rom* mit dem Titel *Choreographie des politischen Augenblicks* von 1955 lässt sich entnehmen, wie sehr er hier sein eigenes Ideal einer fast musikalisch streng durchkomponierten Handlungsführung verwirklicht sah. Dabei erzeugt diese reißbrettartige Konstruktion in keiner Weise den Eindruck von Künstlichkeit, sondern steht im Dienst einer poetischen Idee. Im selben Jahr publizierte Andersch in *Texte und Zeichen* den von ihm angeregten Aufsatz

Plädoyer für die abstrakte Literatur von Walter Jens, dessen Stellungnahme für »Kalkül und nüchterne Bestandsaufnahme, ironische Analyse und planmäßige Konstruktion« (Jens, S. 513) ganz auf der Linie seines ästhetischen Denkens lag.

Die erzählerische Gestaltung von Anderschs erstem Roman, die für sein literarisches Schaffen wegweisend sein wird, kann man mit einem narratologischen (der Erzähltheorie entstammenden) Begriff als variable Fokalisierung bezeichnen. Andersch hatte sich ihrer erstmals in der Neufassung der Erzählung *Heimatfront* von 1947 bedient. Damit ist eine Erzähltechnik gemeint, bei der die Handlung aus wechselnder Figurenperspektive geschildert beziehungsweise dem Leser Einblick in das Denken und die Wahrnehmungen der jeweils den Fokus bildenden Person gegeben wird. Als äußerer Hinweis auf diese Fokalisierung sind die einzelnen Kapitel von *Sansibar oder der letzte Grund* jeweils mit dem Namen von einer, gelegentlich mit dem von zwei oder drei Figuren überschrieben. Die Kapitel, die nur einen Namen tragen, lassen den Leser aus der jeweiligen personalen Perspektive an den Handlungen und Gedanken der Figur teilnehmen, in den anderen Kapiteln finden die Perspektivwechsel dauernd statt. Dabei kann dieser Wechsel in Form einer gedanklichen Synchronizität zwischen den Figuren hin und her gleiten. Als Gregor und Judith sich im Ruderboot gegenübersitzen und er zu der Einsicht gekommen ist, dass er sich eher vor dem Kuss gefürchtet als ihn bewusst vermieden hat, heißt es:

> Er bemerkte, daß Judith ihren Kopf ganz leicht wendete und ihn ansah, er war versucht, seinen Blick zu senken, aber in der gleichen Sekunde bezwang er das Gefühl, von dem er nun wußte, daß es Furcht war, und sie sahen sich an, noch immer spiegelte sich das Leuchtfeuer in ihren Augen, es glänzte auf und erlosch, ich kann die Farbe

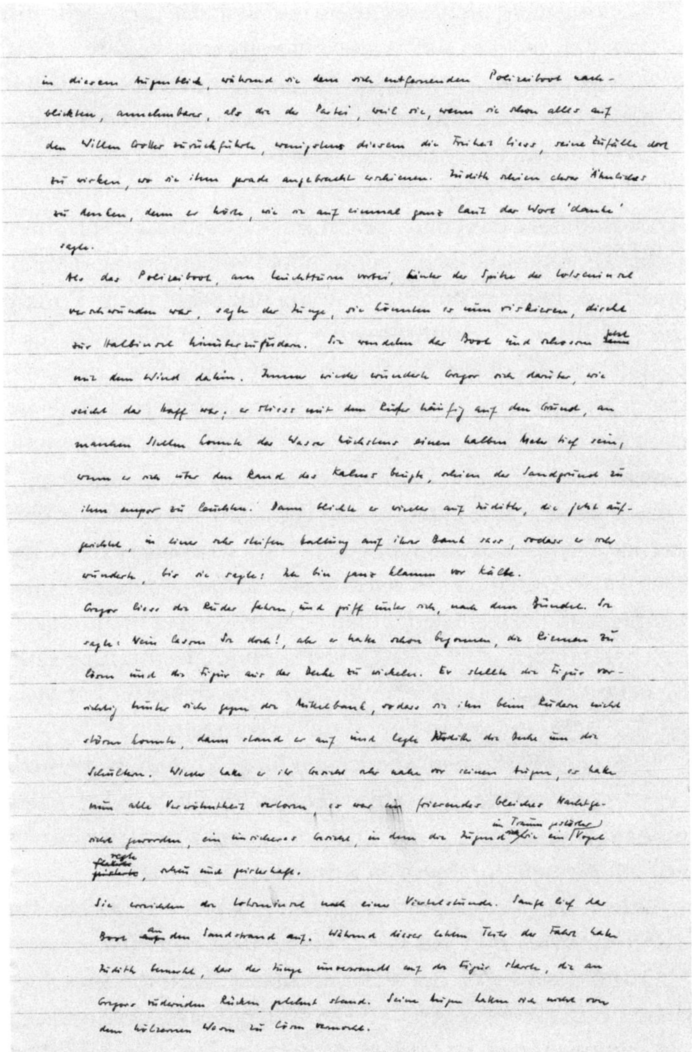

Blatt 4 des Handschriftenfragments von »Sansibar oder der letzte Grund« (1957), das sich im Nachlass von Alfred Andersch im Deutschen Literaturarchiv in Marbach am Neckar erhalten hat.

> seiner Augen nicht erkennen, dachte Judith, ich stelle mir vor, daß sie grau sind, vielleicht von etwas hellerem Grau als sein Anzug, ich möchte ihn gern einmal bei Tag sehen, ich kenne nicht einmal seinen Namen, und Gregor fragte: Wie heißen Sie eigentlich? (S. 144)

Andersch bezeichnete in einem Interview dieses Verfahren selbst als »unaufhörlich wechselnde[ ] Verschiebung der Perspektiven, bedingt durch das streng durchgehaltene Prinzip der simultanen Figurenführung« (Bienek, S. 142 f.). Zugleich ergibt sich aus dieser Erzählweise ein filmischer Effekt, der der Schnitttechnik ähnelt. Auffällig an der zitierten Stelle ist, dass der zweimalige Wechsel der Perspektive sich innerhalb eines Satzes vollzieht. Daran lässt sich erkennen, dass der Stil von Andersch, zumindest in den Passagen, die die Gedanken der Figuren protokollieren, einen stark parataktischen Charakter hat. Damit ist ein reihendes Erzählen gemeint – man könnte es nahezu ein Aufzählen nennen –, bei dem die einzelnen Satzglieder grammatisch weitgehend gleichrangig sind. So ließe sich das vorangehende Zitat zum Beispiel ohne Weiteres in zehn eigenständige Sätze verwandeln.

Unter den Figuren wird noch der Junge besonders dadurch hervorgehoben, dass er sich fast ausschließlich in Form des inneren Monologs mitteilt. Daher sind die Textpartien unter seinem Namen durchweg in Kursivdruck gesetzt.

Durch den ständigen Perspektivenwechsel entsteht ein differenziertes Bild des Geschehens und eine distanzierte Haltung des Lesers, der sich veranlasst sieht, die verschiedenen Wahrnehmungen und Deutungen zu prüfen und sich ein eigenes Urteil zu bilden. Anderschs Erzähltechnik löst damit die von Friedrich Schlegel (1772–1829) erhobene Forderung ein, der Roman solle eine ›republikanische Verfassung‹ besitzen. Schlegel verstand darunter eine Enthierarchisierung der Erzählperspektive, die dem Leser ein prüfendes, objektiviertes Verhältnis zur Handlung erlaubt, das nicht durch den Blickwinkel eines einzelnen Protagonisten präformiert ist.

An einer Reihe von Stellen arbeitet Andersch auch mit Rückblenden, in denen frühere Geschehnisse in den Gedankenfluss der Personen integriert werden. Sie unterscheiden sich vom rein gedanklichen Erinnern dadurch, dass in ihnen wörtliche Dialogpartien enthalten sind, die die Vorvergangenheit vergegenwärtigen. Das geschieht etwa bei der Schilderung des Besuchs, den Knudsen von seinem Rostocker Kontaktmann Brägevoldt bekommt (vgl. S. 15), oder des Gesprächs vor dem Giftsuizid von Judiths Mutter (vgl. S. 21) oder des vorabendlichen Streits zwischen Helander und dem opportunistischen Konservator (vgl. S. 33). Die längste Rückblende (vgl. S. 26–28) umfasst Gregors Tarasovka-Erlebnis, wobei der Erzähler allein hier zwischendurch das Imperfekt gebraucht, wo das Plusquamperfekt zu erwarten wäre:

> […] Genosse Leutnant Choltschoff, aufrecht in der Luke des Panzers, der vor Gregors Panzer fuhr, hatte ihm zugerufen: Das ist Tarasovka, Grigorij! Wir haben Tarasovka genommen! Gregor lachte zurück, aber es war ihm gleichgültig […]. Und Gregor sah, wie der Kommandeur, im vordersten Panzer stehend, seinen Arm erhob; das Dröhnen erstarb, die große Steppenbewegung stand still, und die Wolken Staubs erhoben sich zu Schleiern, zu Fahnen, die sich senkten vor dem Schild aus Gold. (S. 26f.)

Es ist signifikant, dass gerade diese Rückblende, die eine Schlüsselfunktion für den Gehalt des Romans hat, durch die Verwendung des Imperfekts eine epische Präsenz erhält.

Die Existenz einer Erzählinstanz, die jenseits der Figurenperspektive liegt, wird an den Schilderungen von Landschaften und Schauplätzen ablesbar. Dabei lässt Andersch diese quasi objektiven Beschreibungen häufig in subjektive Wahrnehmungen hinübergleiten. Ein Beispiel liefert etwa Gregors und Judiths nächtlicher Weg aus Rerik zum Haff:

> Außerhalb der Stadt war die Nacht weder ganz dunkel noch besonders hell. Ein kranker Mond hing bereits ziemlich tief im Westen, gelbsuchtgelb und sichelförmig, aber die Sichelrundung nicht sehr schmal – wenn er untergegangen war, würden die dunkelsten Stunden kommen, was ihre Flucht begünstigte. Es gab außerdem Wolkenfetzen und Sterne; das Mond- und Sternenlicht flackerte von den Windstößen, die an Stärke zugenommen hatten – oder vielleicht waren sie im Freien nur stärker zu spüren, dachte Gregor – [...]. (S. 138)

Schließlich wird an sechs Stellen ein extradiegetischer Erzähler greifbar, das heißt eine außerhalb der erzählten Geschichte (Diegese) stehende Instanz, die sich kommentierend zu Wort meldet. Das geschieht erstmals, als Judith am Kai steht und es heißt: »Niemand blickte auf Judith, das war nicht üblich in den kleinen Häfen des Nordens« (S. 68). Der gleiche extradiegetische Gedanke wird kurz darauf noch einmal aus einer Beobachtung Gregors abgeleitet: »Gefährlich sind auch die Leute hier, die alle so tun, als sähen sie die Fremde überhaupt nicht, aber sie sehen sie doch und beobachten sie, auch wenn sie sie nicht anstarren, wie es die Leute in einem Hafen im Süden tun würden.« (S. 71) Das dritte Mal äußert sich die extradiegetische Stimme in der dramatischen Situation, als der Wirt und der schwedische Steuermann in eine handgreifliche Auseinandersetzung zu geraten drohen: »In diesem Augenblick rettete der graue junge Mann die Situation, indem er nach dem Wirt rief.« (S. 88) Die drei letzten Erzählerkommentare folgen dicht aufeinander in der Showdown-Sequenz und betreffen alle Knudsen. Im Zusammenhang mit seiner Idee, die Plastik in der Ostsee zu versenken, heißt es: »er nannte sie in seinen Gedanken jetzt nicht mehr den Götzen« (S. 153); und wenige Zeilen später: »Knudsen konnte sich eine Welt ohne die Anderen nicht mehr vorstellen« (S. 154). Besonders prägnant tritt die extradiegetische Perspektive zutage, als Knudsens Wut auf Gregor kurz darauf mit der psychologischen Erklärung versehen wird: »Er wußte nicht, daß es die Wut auf die Partei war, die er an Gregor ausließ.« (S. 155)

Sprache, Stil

Entsprechend seinem polyperspektivischen Erzählen stattet Andersch seine Figuren auch mit einer individuellen Sprachfärbung aus. Dabei verfährt er jedoch nicht gleichsam naturalistisch, indem er etwa die gesprochene Sprache nachzuahmen versucht, sondern schafft Individualität durch den jeweiligen Wortgebrauch der Figuren. Bei dem Jungen ist dieses gemäßigte Verfahren gut zu erkennen. Wir erfahren zwar, dass er »mecklenburgisches Singsang-Platt« (S. 140) spricht, aber seine inneren Monologe und gesprochenen Sätze sind hochdeutsch und beziehen ihre Individualität eher aus der Verwendung von umgangssprachlichen Wörtern wie ›klauen‹, ›olle‹ (Ruderboote), ›Blödsinn‹ oder ›saumäßig‹.

Ähnlich verfährt Andersch bei Knudsen, den er eine derbe Sprache benutzen lässt. Neben umgangssprachlich-saloppen Ausdrücken wie ›Schiß‹, ›Murks‹, ›türmen‹ oder ›anhauen‹ stehen Grobianismen wie ›am Arsch lecken‹, ›Scheißpartei‹ oder ›dreckiges Schwein‹. An einigen wenigen Stellen verleiht Andersch Knudsens Sprache auch eine regionale Färbung. So nennt er Kleinigkeiten etwa ›Püttscherkram‹ oder fragt sich, ob er ›betütert‹ gewesen sei, weil ihm die Idee, die Plastik in die Ostsee zu werfen, nicht gleich gekommen ist.

Gregor partizipiert in einem gewissen Grad an Knudsens grober Sprache. Als das Polizeimotorboot auftaucht und er mit einer Entdeckung rechnet, denkt er, dass Knudsen der Einzige sei, »der aus dieser Scheiße herauskommt« (S. 147), und als Judith mit ihm zur St.-Georgen-Kirche geht, fährt ihm durch den Kopf: »hoffentlich versaut sie mit ihrer Nervosität nicht alles!« (S. 118) Auch schon erwähnte umgangssprachliche Wörter wie ›anhauen‹, ›türmen‹ und ›blöd‹ finden sich in seiner Sprache. Ihre Individualität bezieht sie hingegen aus Gregors Begabung zum dialektischen Argumentieren. Dies zeigt sich am deutlichsten im Dialog mit Helander in der Kirche. Dem erzürnten Pfarrer, der sein Gotteshaus als konspirativen Treffpunkt von Gottlosen missbraucht sieht, hält Gregor entgegen, Knudsen und er seien schließlich »keine Wechsler und Händler« (S. 61), die man aus dem Tempel jagen müsse, sondern Menschen, für die es im Reich der Anderen keine sicheren Orte mehr gebe. Helander ist beeindruckt, und Knudsen bestätigt grimmig Gregors rhetorische Versiertheit: »Ja, sagte Knudsen, reden – das kann er.« (S. 62) Es ist diese bewegliche Intellektualität, die Gregors Sprache und seinen Reflexionen den besonderen Akzent verleiht.

Helanders Sprache ist durch sein Ringen mit Gott gekennzeichnet. Es ist die Sprache der Gewissenserforschung und der Glaubensklage, die Sprache von Hader und Zweifel. In der kurzen Begegnung mit Judith fällt Helander in einen väterlich-fürsorglichen Ton, während sich Judith der gepflegten Salonsprache ihres vornehmen Elternhauses bedient. In dem Ohrenzeugen Gregor kommt dadurch noch einmal der ›Klassenhass‹ hoch:

> Junge Dame, dachte Gregor, und dann die Anrede ›Kind‹ und ihr Getue mit ›Aber ich gehe sofort, wenn Sie nicht wünschen, daß ich bleibe‹ – was für eine Sprache sie mit-

> einander reden, die Sprache ihrer Kreise, sie haben sofort gewußt, daß sie zusammen gehören, sie haben sich am Tonfall erkannt. Gregor [...] beobachtete, wie Judith sich mit dem Pfarrer unterhielt, angenehm ehrerbietig, aber doch gesellschaftlich zu ihm gehörig, [...] ich gehöre jedenfalls nicht dazu, nicht zu diesem tadellosen Edelmann Gottes und nicht zu dieser süßen Bourgeoisen, nicht zu ihrem tragischen Geplauder über den Selbstmord von ›Mama‹, [...] erbittert dachte er: Himmeldonnerwetter, warum bin ich eigentlich hier, warum habe ich mich nicht gedrückt, warum mache ich die Dreckarbeit für sie (S. 133).

Die verzweifelten Bemühungen Judiths, einen Fluchtweg aus Deutschland zu finden, bleiben nicht ohne Auswirkung auf ihren Sprachgebrauch. Während sie den Wirt noch mit eher backfischhaften, kessen Sprüchen hinhält, um Zeit zu gewinnen, schlägt sie gegenüber dem schwedischen Steuermann einen vulgären Ton an:

> Der Wirt ist so gemein geworden, weil er scharf ist auf mich, erklärte sie. Himmel, dachte sie fast staunend, das ist eine Erklärung wie von einer Hafendirne, die mit dem Sieger in einer Schlägerei weggeht. Wie schnell man in etwas hinein gerät! Gestern noch mit Mama in unserer Hamburger Villa, [...] und heute schon die Sprache einer Dirne. (S. 89)

Die Sprache des Erzählers, jenseits der Dialoge und Gedankenprotokolle der Figuren, wurde zu Recht mit Begriffen wie Kühle, Präzision oder Transparenz charakterisiert. Das passt zu Anderschs Überlegungen zum zeitgemäßen literarischen Stil nach dem Zweiten Weltkrieg. Andersch hatte sich im Anschluss an Gustav René Hocke in der frühen Nachkriegszeit – etwa in seinem programmatischen Essay *Deutsche Literatur in der Entscheidung* (vgl. GW 8, S. 197) – mehrfach kritisch mit einer Schreibweise auseinandergesetzt, die als Kalligraphie, das heißt Schönschreibekunst bezeichnet wurde. Mit diesem Begriff hatte Hocke im November 1946 im *Ruf* einen Stil charakterisiert, der sich bei Autoren der inneren Emigration (nicht-nationalsozialistisch gesinnten Autoren, die während des Dritten Reichs in Deutschland blieben) aus der »Abwendung von der Wirklichkeit der Diktatur« (Hocke, S. 204) entwickelt und zu einer Ästhetisierung und Esoterik ihrer Sprache geführt habe. Aus Hockes Sicht mündete dieser Stil in »eine artistische Meisterschaft der Worthandhabung ohne wesentlichen Inhalt«. Für die Gegenwart empfahl Hocke eine direkte, mitteilende Sprache, die hell, klar und scharf »die Dinge [sieht], wie sie sind«. Diese etwas naiv anmutende »reine Übereinstimmung von Aussage und Wirklichkeit« definierte er als »geistige Freiheit« (Hocke, S. 207). Hockes Gegenmodell zur ›Schönschreibekunst‹ versammelt die stilistischen Grundüberzeugungen des sogenannten Kahlschlags. Kahlschlagliteratur nennt man die Schreibweise, die sich am klaren, nüchternen Ton der amerikanischen short story (Ernest Hemingway) orientierte und unter weitgehendem Verzicht auf Metaphern und Symbole die Gegenwart nüchtern und präzise beschreiben sollte. Diese Schreibhaltung verstand sich als Konsequenz aus der Vergewaltigung der Sprache durch den Nationalsozialismus, als Gegenentwurf zum verlogenen Bombast einer ideologisch-pathetisch aufgeladenen Sprache. Der Autor sollte eine nur der Wahrhaftigkeit verpflichtete Haltung einnehmen. Andersch war zwar kein Vertreter der Kahlschlagliteratur wie Heinrich Böll, Wolfdietrich Schnurre oder Walter Kolbenhoff, aber er teilte doch die Kritik an einer kalligraphischen Schreibweise und bemühte sich um einen klaren, rationalen Stil.

Mit Blick auf *Sansibar oder der letzte Grund* wird man allerdings sagen müssen, dass er selbst nicht ganz frei von Rückfällen ins Kalligraphische ist, wenn er etwa die Träume als »Geheimnisse im Vorhof der Seele« (S. 169) bezeichnet. Auch Anderschs ambitionierte Beschreibungen von Farbnuancen haben etwas von der Manier des Kalligraphen:

> Überall auf der Kieselebene saßen helle Vögel, Vögel mit weißem Gefieder oder Vögel mit ockerfarbenem und hellbraunem und silbergrauem Gefieder, nur selten einmal leuchtete eine schwarze Feder metallisch in den seidenen Schminken aus Milchweiß und Schimmelgrau, aus dem Braun von Zimt und hellen, entschälten Nüssen, aus Elfenbeingelb und dünnem Teegelb, aus Spiegelsilber und dem Silber wilder, ferner, nördlicher Gewässer. (S. 162)

Schon nicht mehr Kalligraphie, sondern eher Kitsch ist es, wenn es von Gregors kommunistischer Freundin Franziska heißt, »ihr Fleisch war gesalbt gewesen vom Duft des Bewußtseins« (S. 130). Es ist freilich zu betonen, dass dies stilistische Entgleisungen sind, die neben dem fast durchweg souveränen, kunstvollen und ganz eigenen Gebrauch der Sprache in Anderschs Roman nicht ins Gewicht fallen.

Metaphern und Symbole

Die besondere Aufmerksamkeit für Farbe, die in dem vorangegangenen Zitat sichtbar ist, wirkt sich auch im Bereich der Symbolik aus. Das betrifft vor allem die roten Türme von Rerik und das graue Licht. Es ist auffallend, dass durchgehend nur von ›Türmen‹ die Rede ist, obwohl es sich um Kirchtürme handelt. Erstmals erwähnt werden die roten Türme in der ersten Judith-Sequenz. Judith erinnert sich bei ihrem Anblick, »daß Mama von diesen Türmen entzückt gewesen war. Das sind keine Türme, hatte sie immer gesagt, das sind Ungeheuer, wunderbare rote Ungeheuer, die man streicheln kann. Unter dem kalten Himmel aber kamen sie Judith wie böse Ungeheuer vor.« (S. 22) Judiths Wahrnehmung zeigt, wie unterschiedlich die Türme auf verschiedene Betrachter wirken. Diese subjektive Differenz ist aber auch durch den objektiven, historischen Wandel der Bedingungen der Wahrnehmung verursacht. Bei Gregor liegt der Fall ähnlich. Von einer Erhebung vor der Stadt aus sieht er die Türme »als rote Blöcke in das Blau der Ostsee eingelassen« (S. 25). Ihre Dominanz empfindet er als bedeutende Erschwernis seines Fluchtplans:

> Sieben Meilen Flucht lagen im Blick dieser Türme. [...] Aber obwohl die Türme leer waren, fühlte sich Gregor von ihnen beobachtet. Er ahnte, daß es schwierig sein würde, unter ihren Blicken zu desertieren. Er hatte es sich ziemlich einfach vorgestellt [...]. Aber er hatte nicht mit diesen Türmen gerechnet. Sie sahen alles. Auch einen Verrat. (S. 26)

Im Verlauf der Handlung nimmt die Bedrohlichkeit der Türme in der Wahrnehmung Judiths noch zu. Die in der Dunkelheit angestrahlten Türme erscheinen ihr vom Hafen aus wie »grelle, wütend aufgerichtete, geblendete und blutende Ungeheuer« (S. 75). In einer der Erzählerpassagen erfolgt eine Beschreibung, die Judiths subjektiven Eindruck fast wörtlich aufgreift und bestätigt:

> Der Hafen von Rerik war einen Augenblick völlig schwarz. Über dem Schwarz standen in der gleichen Sekunde die Türme wie Monstren, völlig nackt, in blendender roter Grelle, von Blut überströmte Riesen, die sich im Todeskampf noch einmal aufgerichtet hatten, um sich auf die Stadt zu stürzen, auf die Schwärze zu ihren Füßen. (S. 106)

Nach der gelungenen ›privaten Aktion‹ von Gregor scheint die Macht der Türme, die immer bedrohlichere Züge angenommen hat, gebrochen. Im grauen Morgenlicht sind sie »keine schweren roten Ungeheuer mehr, sondern kleine blasse Klötze« (S. 163). Gregor, der Unauffällige, ein Niemand, hat sie besiegt. So formuliert, kann man im Motiv der Blendung und im Vergleich der Türme mit Riesen einen Anklang an die *Odyssee* erkennen, in der Odysseus unter dem Namen Niemand den Riesen Polyphem blendet und überlistet.

Das Grau fungiert bei Andersch als Symbolfarbe für Unauffälligkeit und nüchterne Rationalität. Es schafft eine Atmosphäre, die die Konzentration fördert, weil Grau zugleich für die Abwesenheit ablenkender Reize steht. Gregor wird mehrfach als der ›graue junge Mann‹ bezeichnet, weil er einen grauen Anzug trägt. Die symbolische Qualität dieser Farbe zeigt sich etwa, wenn der Erzähler ihn mit einem »aufmerksame[n] graue[n] Vogel« (S. 74) vergleicht und damit eine Brücke zur Beschreibung des ›Lesenden Klosterschülers‹ schlägt, der Gregor wegen seiner aufmerksamen kritischen Lektüre »leichter« und »vogelgleicher« (S. 49) vorkommt als die Lesenden an der Lenin-Akademie. Gregors Verknüpfung mit der Symbolfarbe Grau erfährt ihren Höhepunkt durch seine Verschmelzung mit dem grauen Morgenlicht am Ende. Hier wird das Grau explizit als Voraussetzung einer optimalen Versuchsanordnung beschrieben, in der alles neu geprüft werden kann (vgl. S. 163). Und auch der Junge ist in die symbolische Bedeutung des Grau einbezogen: Im grauen Licht des Speichers (vgl. S. 93) entdeckt er das utopische Ziel Sansibar.

Andersch arbeitet in seinem Roman nicht nur mit Symbolen, sondern auch mit Metaphern. Auf dem Weg nach Rerik denkt Gregor über die Kiefernallee nach, durch die er mit dem Rad fährt. Er erwägt den Gedanken, die Straße als Naht zu sehen, die zwei grüne Vorhanghälften allmählich auftrennt. Als Bedingung für eine solche Betrachtungsweise empfindet Gregor allerdings die Freiheit: »Da man jedoch bedroht war, dachte Gregor, war nichts wie etwas anderes. Die Gegenstände schlossen sich in die Namen, die sie trugen, vollkommen ein. Sie wiesen nicht über sich selbst hinaus.« (S. 8) Die Atmosphäre gesellschaftlicher Unfreiheit nötigt also zu buchstäblicher Wahrnehmung, sie steht einer Poetisierung und Metaphorisierung der Welt entgegen. Entsprechend verwendet Andersch metaphorische Redeweise nur sparsam. Zu den wenigen Beispielen gehören Knudsens von ihm selbst angestellter Vergleich mit einem Fisch, der vom Köder der Parteiarbeit angelockt wird (vgl. S. 18), und Gregors Vergleich der Kirche mit einem »wunderbare[n] weiße[n], lebendige[n] Mantel« (S. 45).

2 Figuren

Der Junge

Im Alter von fünf Jahren hat der Junge seinen Vater Hinrich Mahlmann verloren, jetzt ist er fünfzehn Jahre alt. Sein eigener Vorname bleibt ungenannt. Zu Ostern hat er seine Schulzeit beendet und arbeitet seitdem ohne Begeisterung auf dem Fischkutter von Knudsen. Er würde gerne, wenn er im Januar 1938 sechzehn wird, nach Hamburg gehen und auf einem Frachter anheuern. Die Mutter erlaubt ihm das aber nicht. Sie will, dass er seine drei Lehrjahre bei Knudsen absolviert und dann zwei Jahre bei der Marine dient. Ohnehin ist sie von seinem Drang in die Ferne wenig angetan, weil sie das Unglück ihres Mannes auf dessen Sucht, ›etwas zu sehen zu kriegen‹, zurückführt. Im Gegensatz zu seiner Mutter ist der Junge überzeugt, sein Vater sei *»gestorben, weil er nie etwas zu sehen gekriegt hatte«* (S. 43). Der Vater des Jungen war ebenfalls Fischer und ist auf See verschollen, angeblich soll er ein Alkoholproblem gehabt haben. Sein Schiff wurde gefunden und von der Mutter verkauft, um Schulden zu bezahlen. Der Junge hat keine persönliche Erinnerung an den Vater. Er kennt ihn nur von einem Foto, das ihn im Sonntagsstaat an Kaisers Geburtstag zeigt und das er wegen dieser Uniformität nicht leiden kann. Der Junge weiß von ihm nur, dass auch er aus Rerik weggewollt hatte, aber kein Ziel finden konnte. Im Unterschied zu den anderen Fischern in Rerik ist er gelegentlich auf die offene See hinausgefahren. Den Impuls auszubrechen hat der Junge vom Vater geerbt. Die Fluchtfantasien des Jungen sind literarisch vermittelt. Besonders identifiziert er sich mit Huckleberry Finn: *»Alles, was Huck Finn konnte, kann ich auch: ich kann angeln und ich kann Fische braten und ich kann mich gut verstecken.«* (S. 24) Als Verstecke dienen ihm eine Weide und der Speicher einer verlassenen Gerberei. Dorthin zieht er sich zurück, um zu lesen. Er beschäftigt sich aber nicht nur mit Abenteuerromanen, sondern ist auch ein guter Kenner von Land- und Seekarten.

Als Knudsen ihn noch einmal nach Hause schickt, beginnt der Junge sich zu wundern. Auf dem Weg zur Gerberei streicht er an der ›Kristina‹ vorbei und bedauert, dass die Zeiten vorüber sind, in denen man noch ohne Papiere einfach irgendwo anheuern konnte. Im Speicher hat er sich im Frühjahr häuslich eingerichtet und ein Versteck zum Lesen gebaut. Im Kerzenschein betrachtet er seine Bücher nun

> *zum erstenmal […] mit einem Gefühl des Mißtrauens. Er hatte den Tom Sawyer und die Schatzinsel und den Moby Dick und Kapitän Scotts letzte Fahrt und Oliver Twist und ein paar Karl-May-Bände, und er dachte: die Bücher sind prima, aber sie stimmen alle nicht mehr, […] so geht es heute nicht mehr zu, […] man muß Papiere haben und Einwilligungen, und wenn man weglaufen würde, wäre man sehr schnell wieder eingefangen.* (S. 94)

Der Junge wendet sich nach dieser Erkenntnis von den literarischen Scheinwelten ab und den geographisch konkret fassbaren Landkarten zu. Hier stößt er auf Sansibar, den letzten Grund seiner Flucht aus Rerik. Sansibar wird für ihn zur Chiffre der Freiheit.

Allerdings muss der Junge sein eben gefälltes Urteil über seine Bücher revidieren, als er realisiert, dass Knudsen einen Passagier auf die andere Seite der Ostsee bringen will: *»Und plötzlich dachte der Junge: dann stimmen die Bücher ja doch noch, dann gibt es ja auch heute noch solche Sachen, wie sie im Huckleberry Finn und in der Schatzinsel und im Moby Dick erzählt werden.«* (S. 116) Die Chance, aus Rerik abzuhauen, will er unbedingt nutzen. Schon deshalb unterstützt er mit aller Kraft den Fluchtplan und führt Knudsens Auftrag, den ›Passagier‹ abzuholen, gewissenhaft aus. Im Ruderboot starrt er die Plastik unverwandt an und verknüpft sein Schicksal mit ihrem: *»Wenn sie rauskommt, dann komme ich auch raus.«* (S. 151)

In dem sich anschließenden Konflikt zwischen Knudsen und Gregor kommt der Junge trotz der Aufforderung seines Lehrherrn diesem nicht zu Hilfe. Irritiert von dem Kampf klammert er sich an die Plastik. Auch für die Mitnahme Judiths dient dem Jungen sein Lieblingsbuch als Medium der Deutung: *»[E]r verstand plötzlich, daß Juden so was Ähnliches waren wie Neger, das Mädchen spielte hier an Bord genau die gleiche Rolle wie der Neger Jim für Huckleberry Finn, sie war jemand, den man befreien mußte.«* (S. 164) Diese Interpretation bringt ihn auf die Idee, sich selbst als ›einen Politischen‹ auszugeben, damit man ihn im Ausland nicht wieder nach Rerik zurückschickt. Im Gespräch mit Judith zeigt er sich an den Konsequenzen, die das für Knudsen hätte, desinteressiert. Der Junge denkt: *»[E]r ist nur ein Erwachsener. Es ist besser, sie verhaften ihn, als daß ich noch zweieinhalb Jahre mit ihm Küstenfischerei machen muß.«* (S. 166)

Frank Hessenland als ›der Junge‹ in Bernhard Wickis Spielfilm »Sansibar oder der letzte Grund« (BR Deutschland, 1987).

Die Welt der Erwachsenen ist für ihn allgemein die Welt der Langeweile und der Ideenlosigkeit, deren Normen er sich nicht verpflichtet fühlt. Er will anders werden.

An der schwedischen Küste angelangt, rennt der Junge in den Wald, sobald sich die Gelegenheit bietet. Er entdeckt eine Blockhütte mit einem Boot davor auf einem silbergrauen See. Nach wenigen Minuten hat er schon zwei Fische gefangen, die er sich in der Hütte zubereitet. Danach *»setzte er sich vor die Hütte und dachte: ich bin raus, es hat wunderbar geklappt, ich bin in Schweden, ein paar Tage bleib ich hier, und dann geh ich irgendwohin und melde mich und sag, daß ich ein Politischer bin. Und dann geht es immer weiter, dann kommt vielleicht Amerika und der Mississippi oder Sansibar und der Indische Ozean.«* (S. 178)

Der Junge will sich nur noch von der Abfahrt Knudsens überzeugen, weil er erst dann *»wirklich frei«* (S. 178) wäre. Als er den Kutter noch am Steg liegen sieht, kehrt er jedoch zu Knudsen zurück.

Gregor

Gregors Hauptmerkmal ist seine Unauffälligkeit. Eine detaillierte Beschreibung seines Aussehens erhält der Leser durch Judith, die in der Kirche sein »mageres, helles, unauffälliges Gesicht« betrachtet.

> Etwas sehr Erfahrenes und Altes lag in diesem jungen Gesicht, und zwischen Augen und Mund hatte sich ein nüchtern hingenommener, offenbar nicht sehr schmerzhaft empfundener Leidenszug eingetragen, aber die Schläfen und das Kinn zeigten Schläue, verrieten Tempo, verlässige Schnelligkeit und Intelligenz. [...] [S]eine Haare erkannte sie als glatt und schwarz, sie fielen ihm manchmal locker ins Gesicht, und dann mußte er sie wegstreichen. Hauptsächlich aber wirkte er unauffällig. (S. 126)

Man erfährt weiterhin, dass Gregor »eher klein als groß« ist (S. 61), einen grauen Anzug trägt und als ›besonderes Kennzeichen‹ Fahrradklammern an den Hosenbeinen hat.

Aus seinen Erinnerungen lassen sich einige Stationen seiner Vorgeschichte entnehmen. Er hat sich der Partei »vor sieben oder acht Jahren« (S. 77), also etwa 1930, angeschlossen und gehörte dem Kommunistischen Jugendverband in Berlin an. Von dort wurde er wegen seiner organisatorischen Verdienste noch vor 1933 zusammen mit der jungen Berliner Kommunistin Franziska nach Moskau auf die Lenin-Akademie geschickt. Dort studierte er die Schriften der marxistischen Klassiker. Mit Franziska verband ihn eine intensive Liebesbeziehung. Gregor (in die Lenin-Akademie ›wie in ein Kloster‹ als Grigorij eingetreten) hatte dann an einem Manöver der Roten Armee auf der Krim teilgenommen, wo es zu einem ersten spürbaren Riss in seinem geschlossenen Weltbild kommt, seinem Tarasovka-Erlebnis. Seine russischen Genossen feiern den Manöver-Sieg, aber Gregor war es »gleichgültig, daß die Tankbrigade [...] Tarasovka genommen hatte, er war plötzlich fasziniert von dem goldenen Schmelzfluß des Schwarzen Meeres und dem grauen Gestrichel der Hütten am Ufer« (S. 27). Gregor ist sich bewusst, dass in dem Moment, da die ästhetische Wahrnehmung den ideologischen Panzer aufgesprengt hat, sein ›Verrat‹ an der Partei begonnen hat. Wieder in Moskau, muss er feststellen, dass in der Zwischenzeit der sowjetische Geheimdienst Franziska verhaftet hat. Sie bleibt verschollen. Gregor beendet mechanisch seinen Kurs. Inzwischen haben in Deutschland die Anderen die Herrschaft übernommen. Mit einem falschen Pass kehrt Gregor über Wien nach Berlin zurück und wird Instrukteur des ZK. Innerlich hat er sich bereits von der Partei losgesagt und will von Rerik aus ins Exil flüchten. Per Fahrrad erreicht er die Stadt, deren Silhouette mit den dominanten roten Türmen vor dem Hintergrund des Meeres ihn an Tarasovka erinnert.

Gregor gesteht sich ein, dass seine Absicht auszusteigen auch aus der Angst geboren ist, verhaftet zu werden. Aber stärker noch ist der Wunsch, anders zu leben, und der Gedanke nimmt in ihm Gestalt an, dass ein Leben ohne Auftrag möglich ist. In dieser Stimmung entdeckt Gregor den ›Lesenden Klosterschüler‹, mit dem er sich spontan identifiziert:

> Das sind ja wir, dachte Gregor. [...] Er trägt unser Gesicht, dachte er, das Gesicht unserer Jugend, das Gesicht der Jugend, die ausgewählt ist, die Texte zu lesen, auf die es ankommt. Aber dann bemerkte er auf einmal, daß der junge Mann ganz anders war. Er war gar nicht versunken. Er war nicht einmal an die Lektüre hingegeben. Was tat er eigentlich? Er las ganz einfach. Er las aufmerksam. [...] Er las sogar in höchster Konzentration. Aber er las kritisch. [...] Ich habe einen gesehen, der ohne Auftrag lebt. (S. 48 f.)

Die Plastik fungiert hier als Katalysator für Gregors geistigen Emanzipationsprozess. Dass er sich auch mit der umgedeuteten Figur identifiziert, kommt darin zum Ausdruck, dass er ihr »in einer leichten und brüderlichen Bewegung« (S. 66) die Hand auf die Schulter legt. Als Gregor von ihrer Gefährdung hört, macht er sofort ihre Rettung, die »Aktion ›Lesender Klosterschüler‹ « (S. 97), zu seiner eigenen Sache.

Nachdem Judith auf der Bühne erschienen ist, erweitert er sie um die »Aktion ›jüdisches Mädchen‹ « (S. 97). Gregor ist geradezu berauscht von einem Gefühl der Autonomie.

> Zum erstenmal leite ich keine Parteiaktion. Es ist eine Sache, die nur mir gehört. Er fühlte sich glänzend aufgelegt. Das wunderbare Gefühl, das ihn befallen hatte, seitdem er den jungen Mönch, seinen Genossen, den freien Leser, gesehen hatte, verließ ihn nicht. Und nun war auch noch ein Mädchen mit ins Spiel gekommen, ein ziemlich schönes Mädchen mit langen schwarzen Haaren. Sowie man die Partei im Stich läßt, gibt es wieder Romantik, dachte Gregor. Eiskalte Aktion gegen die Anderen, aber doch Romantik. Ein kalter Romantiker, ein Aktionsspieler, würde er mit seinen Figuren über ein Feld aus roten Türmen und nachtblauer See ziehen, über ein Feld aus Windschwarz und Verratsgold [...]. (S. 97 f.)

Es ist für Gregor eine neue Erfahrung, Judith gegenüber weder die Rolle eines Kommunisten, Deserteurs oder Aktivisten zu spielen, sondern nichts anderes als ein junger Mann zu sein. Noch wehrt er sich aber dagegen, sich von ihrer Sinnlichkeit irritieren zu lassen, lautet doch seine Maxime: »Illegalität und Liebe schließen sich aus.« Gregor fürchtet, dass »ein einziger wirklicher Kuß« sein »Gehirn schwächen« könnte (S. 129). Bei der Fahrt im Ruderboot beschleichen ihn allerdings Zweifel, ob diese Unterdrückung des eigenen Begehrens nicht ein Fehler gewesen sein könnte. »Dann dachte er an den Kuß, an den nicht gegebenen und nicht erwiderten Kuß, und auf einmal überfiel ihn der Gedanke, daß es ein sehr schöner, ein vielleicht hinreißender und alles verändernder Kuß hätte sein können, ein Kuß, wie er seit Jahren nicht mehr in seinem Leben vorgekommen war.« (S. 144) Die Wendung, die die Situation durch Knudsens letztliche Bereitschaft, auch Gregor nach Schweden zu bringen, nimmt, hätte ihm vielleicht erlaubt, das Versäumte nachzuholen. Aber es ist nur konsequent, dass Gregor am Entschluss, allein zu bleiben, festhält. Für ihn kommt es darauf an, nach dem Abschluss seiner privaten Aktion, die seine geistige Emanzipation von einer geschlossenen Weltanschauung besiegelt hat, zunächst für sich selbst eine neue Standortbestimmung vorzunehmen. Die Entdeckung von Freiheit und Autonomie verträgt sich schlecht mit dem nahtlosen Übergang zu einer neuen Bindung. Gregor erscheint denn auch am Ende in seinem unauffälligen grauen Anzug ganz eins mit dem grauen Morgenlicht, in dessen Nüchternheit alles einer umfassenden Prüfung unterzogen werden kann.

Helander

Die detaillierteste Schilderung Helanders erfolgt aus der Sicht Knudsens bei ihrem Gespräch im Hafen (S. 32):

> ein großer schlanker Mann mit einem heftigen, geröteten Gesicht, mit einem schmalen schwarzen Bart über dem Mund, [...] in den sich graue Fäden mischten, mit den [...] Gläsern einer randlosen Brille vor den Augen, kristallisch blitzend in dem leidenschaftlichen, eine Neigung zum Jähzorn verratenden Gesicht über einem schwarz gekleideten Körper, der sich ein wenig über den Stock krümmte.

Helander stammt wohl von schwedischen Vorfahren ab, denn mit »dem reisigen König« aus dem Land, »in dem die Häuser aus Holz gebaut und bunt gestrichen wurden« (S. 12), dürfte der Schwedenkönig Gustav Adolf (1594–1632) gemeint sein. Über seine Biographie erfährt der Leser am meisten gegen Ende des Romans, als er über seinen Hotel-Traum nachdenkt. Helander hatte bereits ein Theologiestudium begonnen, als er zum Kriegsdienst im Ersten Weltkrieg eingezogen wurde. Er dürfte also zur Zeit der Romanhandlung um die 50 Jahre alt sein. Während des Stellungskriegs in der Nähe der nordfranzösischen Stadt Verdun hat er eine schwere Schussverletzung erlitten, die die Amputation eines Beines knapp unterhalb des Beckens nötig machte. Schon bei dieser Operation hatte der Stabsarzt bei ihm einen erhöhten Blutzuckerwert diagnostiziert. Helander verbrachte nach der Entlassung aus dem Lazarett einige Wochen in einem schäbigen Hotel im besetzten und trostlosen Lille, in dem sich die Frontsoldaten und ›Etappenhengste‹ in den Bordellstraßen drängten. Nach seinem Ausscheiden aus der Wehrmacht »war die Fortsetzung des unterbrochenen Theologiestudiums gekommen, die Verlobungszeit mit Käthe, das Pfarramt, die kurze Ehe mit Käthe, ihr und des Kindes Tod im Kindbett, und dann die lange Askese und das lange Pfarramt und nichts weiter« (S. 168). Er ist jedoch im Rückblick mit seiner asketischen Lebensführung ganz einverstanden, hat auch das Gefühl, in seiner Gemeinde »nicht nur an den Betten der Sterbenden« gebraucht worden zu sein. Sowohl beruflich als auch sozial war Helander anerkannt: »meine Predigten waren nicht schlecht, und bei den Skat- und Rotsponabenden im Hamburger Hof war ich auch nicht schlecht, alles in allem war ich ein Kerl« (S. 168).

Inzwischen ist die Luft um Helander allerdings dünn geworden. In der evangelischen Kirche ist er, jedenfalls in Rerik, isoliert. Das wird deutlich, wenn er konstatiert, dass er von den Amtsbrüdern keine Unterstützung bei der Rettung des ›Lesenden Klosterschülers‹ erwarten darf. Der von der Nikolai-Kirche ist ein Gegner moderner Kunst, der von der Marienkirche sympathisiert mit den Anderen, steht also den ›Deutschen Christen‹ nahe (vgl. S. 34). Helander hingegen hat sich der »Lehre des großen Kirchenmannes aus der Schweiz« (S. 112) angeschlossen, womit Karl Barth gemeint ist. Als Anhänger von dessen Theologie verschärft Helander seine Isolation noch um eine transzendente Dimension.

Karl Barth zählt zu den bedeutendsten protestantischen Theologen des 20. Jahrhunderts. Er wurde 1886 in der Schweiz geboren, war seit 1909 Landpfarrer und erregte 1919 mit seinem Kommentar zu den Römerbriefen Aufsehen. 1921 wurde er Theologieprofessor in Göttingen, wechselte 1925 nach Münster und 1932 nach Bonn. Im selben Jahr trat er der Sozialdemokratie bei, der er schon in der Schweiz angehört hatte.

Barths Denken wurde seit den *Römerbriefen* als dialektische Theologie bezeichnet. Ein Kernsatz dieser Theologie lautet: »Gottes *Verhüllung* ist Gottes Enthüllung.« (Barth, S. 36) Für Barth ist Gottes Existenz durch seine Ferne von den Menschen definiert. Er ist ein *deus absconditus*, ein verborgener Gott. Nur die völlige Fremdheit Gottes beglaubigt seine Göttlichkeit. Zugleich ist sie aber »durch die Erkenntnis des Draußenseins des gekreuzigten Christus« (Barth, S. 35) der einzige Weg des Menschen zur Göttlichkeit. Nur der verhüllte Gott kann eine Ahnung von der göttlichen Herrlichkeit vermitteln. Diese radikale Position stand jeder säkularen Instrumentalisierung des evangelischen Glaubens naturgemäß unversöhnlich entgegen. Entsprechend war Karl Barth von Beginn an ein scharfer Gegner der Deutschen Christen, also jener Strömung innerhalb der evangelischen Kirche, die sich nicht allein mit dem Nationalsozialismus arrangierte, sondern ihm sogar eine quasi theologische Legitimität verlieh. Der Theologe Wilhelm Stapel hatte die These aufgestellt, das Gesetz Gottes sei identisch mit dem ›Nomos‹, also dem Gesetz des deutschen Volkes. Barth entgegnete 1933: »Ich halte den Stapelschen Satz über das Gesetz Gottes für den vollzogenen Verrat am Evangelium.« (Barth, S. 66) 1935 musste Barth Deutschland verlassen.

Einen Widerhall von Barths dialektischer Theologie bilden die Reflexionen Helanders über die Gründe, warum Gott den Anderen – zumindest scheinbar – das Feld überlassen hat. Zugleich liefern sie ihm die Erklärung für das Ausbleiben des von ihm so sehr herbeigesehnten Zeichens für die Existenz Gottes auf der Querschiffwand von St. Georgen, der »Tafel, auf der die Schrift nicht erschien, auf die er wartete« (S. 12). Helander, heißt es, hatte

> einmal gelesen, daß die Ingenieure jetzt in der Lage waren, ›schalltote‹ Räume zu konstruieren. Das war die richtige Bezeichnung. Die Stadt, die Kirche und das Pfarrhaus waren zu einem schalltoten, echolosen Raum geworden, seitdem die Anderen gesiegt hatten. Nein, nicht seitdem die Anderen gekommen waren, sondern seitdem Gott sich entfernt hatte. [...] Nicht einmal ein paar Zeichen hat er auf die Kirchenwand geschrieben, keine noch so geringfügige Botschaft [...]. (S. 110)

Die Lehre vom *deus absconditus*, der die Welt dem Satan überlassen hat, dient Helander zum Verständnis der Herrschaft der Anderen. Weil »Gott die Welt als einen schalltoten Raum konstruiert hatte« (S. 112), ist der gläubige Mensch in radikaler Weise auf sich selbst zurückgeworfen. »In einem solchen Raum konnte man Gebete nur für sich selbst sprechen [...]. Keinesfalls durfte man sich einbilden, von Gott gehört zu werden. […] Es gab keinen Trost, und es machte die Größe dieser Lehre aus, daß sie keinen Trost gab.« (S. 112) Diese Überzeugung verlangt allerdings von dem Gläubigen eine Seelenstärke, die auf alle Zeichen der Anerkennung des Selbstopfers verzichtet. Helander fürchtet die Folter vor allem deswegen, weil sie sinnlos ist und das Martyrium in einen absurden Tod verwandelt: »[W]elchen Sinn hatte es, sich foltern zu lassen und zu schreien, wenn Gott davon einfach keine Kenntnis nahm, wenn die Wände des schalltoten Raumes der Welt die Schreie glatt verschluckten?« (S. 112 f.) Mit dem Schuss aus seiner Pistole wird Helander später diesen schalltoten Raum aufsprengen (siehe die zweite exemplarische Interpretation).

Dass ihn seine Entscheidung für die dialektische Theologie zum Gegner der Anderen gemacht hat, steht für Helander nicht in Frage. Offen ist nur, in welcher Form er Widerstand leisten wird. Der versuchte Zugriff der Anderen auf den ›Lesenden Klosterschüler‹ nötigt ihn zu einer Entscheidung. Er hatte die Plastik »vor ein paar Jahren von einem Bildhauer erworben, dem kurz darauf die Anderen verboten hatten, sein Handwerk auszuüben« (S. 34). Nun sollen seine Kunstwerke »nicht mehr in der Öffentlichkeit gezeigt werden« (S. 33). Helander widerspricht vehement: »Der *Klosterschüler* ist kein Kunstwerk, Herr Doktor, er ist ein Gebrauchsgegenstand. Er wird gebraucht, verstehen Sie, gebraucht!« (S. 33) Helander (und mit ihm Andersch) nimmt hier auf eine Begriffsbildung von Bertolt Brecht Bezug, der in den 1920er-Jahren die Forderung erhoben hatte, man müsse ein Kunstwerk primär nach seinem (gesellschaftlichen) Gebrauchswert befragen. In den gleichen Kontext gehört auch Helanders Replik auf das Urteil des Pfarrers von St. Nikolai, die Plastik sei in einer Kirche deplatziert, weil sie modern sei. Dagegen hatte Helander eingewandt, der ›Lesende Klosterschüler‹ sei nicht modern, sondern uralt (vgl. S. 34). Damit wollte er die Figur gewissermaßen aus der Sphäre einer rein kunstgeschichtlichen Betrachtung herauslösen und ihr eine anthropologische Bedeutungsebene zusprechen – wie dies in zeitgenössischen Barlach-Kommentaren, etwa bei Albrecht Fabri, der Fall war. Gerade die Tatsache, dass das »Mönchlein, das liest«, die Anderen provoziert, nicht aber der »mächtige[ ] Christus auf dem Altar«, lässt Helander die Plastik als das eigentliche Heiligtum seiner Kirche betrachten. Zu ihrer Rettung sieht er sich nun gezwungen, ausgerechnet Knudsen, »einen, der nicht an Gott glaubt, an[zu]betteln« (S. 34).

Der Eindruck, den der ›Lesende Klosterschüler‹ auf Gregor macht, und die Dynamik des Streits zwischen Knudsen und Gregor eröffnen Helander schließlich die Chance, die Plastik nach Schweden in Sicherheit bringen zu lassen. Für den Fall, dass die Plastik hätte zurückbleiben müssen, hatte Helander erwogen, sie zu zerstören, statt sie am nächsten Morgen in die Hände der Anderen zu liefern (vgl. S. 33).

Zur Zuspitzung von Helanders Situation trägt auch die Entzündung seiner Amputationswunde bei. Nachdem er Gregor den Kirchenschlüssel übergeben hat, lässt er noch am Abend seinen Hausarzt Dr. Frerking kommen, der ihn sofort ins Krankenhaus nach Rostock einweisen will. Helander nimmt diesen ärztlichen Bescheid zunächst wie eine Art Gottesurteil dankbar an: »Die höhere Gewalt hatte entschieden: das Klinikbett statt des Martyriums.« (S. 110) Doch dann entsteht in ihm die Vorstellung, dass Gott vielleicht gerade dann ganz nah sein würde, »wenn ich den Telefonhörer nicht abnehme« (S. 114). Im mitternächtlichen Gespräch mit Judith stößt Helander auf eine weitere Lösung seines Problems, als sie ihm vom Suizid ihrer Mutter erzählt. Aber Helander verwirft die Option Selbstmord aus religiösen und ethischen Erwägungen: »Gott hat recht, mir diese Antwort zu verbieten, dachte er, so leicht soll man es dem Bösen nicht machen. Ich werde es dem Bösen so schwer machen wie möglich, indem ich dableibe.« (S. 134) Entsprechend erwartet Helander die Anderen am nächsten Morgen mit der Waffe in der Hand und tötet einen von ihnen, bevor er selbst im Kugelhagel stirbt. Im Moment des Todes erfüllt sich seine Sehnsucht nach dem Erscheinen der Schrift auf der Wand.

Knudsen

Das Gesicht des Fischers Heinrich Knudsen wird aus der Perspektive Gregors beschrieben, als er ihn in St. Georgen trifft. Gregor sieht,

> daß es hart und flächig war, die Nase stach nicht besonders hervor, es war ein braunes, bartstoppeliges, wettergegerbtes Fischergesicht unter schon grau gewordenen Haaren, nichts leuchtete in diesem einfachen Gesicht, nicht einmal die Augen: sie waren klein und scharf und blau, aber sie leuchteten nicht, sie phosphoreszierten nur (S. 54).

In der Kampfszene mit Gregor wird ergänzt, dass Knudsen harte Falten auf der Stirn und zähe Oberarmmuskeln hat. Als weitere typische Attribute eines Fischers kommen Pfeife, Schiffermütze und eine derbe Sprache hinzu. Das Alter Knudsens lässt sich nicht genau angeben, jedoch ist seine Frau Bertha 40 Jahre, sodass man von einem Alter zwischen 45 und 55 ausgehen kann. Sie wohnen in einem Fischerhaus mit einem kleinen Garten mit Blumen und einem Kaninchenstall. Bertha ist blond und sanft und ein wenig debil, was sich darin manifestiert, dass sie ständig denselben Irrenwitz erzählt und ein immerwährendes Lachen auf ihrem Gesicht liegt. Knudsen ist sehr liebevoll zu ihr und umsorgt sie. Er hat eine intensive erotische Beziehung zu ihr, auch weil die Konzentration auf die Lust »den Irrsinn von ihr fernhielt« (S. 98).

Knudsen besitzt einen Kutter, der die offizielle Bezeichnung ›Rerik 17‹ trägt und den er ›Pauline‹ nennt. Bei den Fangfahrten nimmt er nur den Jungen mit.

Knudsen ist der letzte Vertreter der Kommunistischen Partei in Rerik. Seine früheren Genossen haben sich aus Angst vor den Nationalsozialisten von der Partei abgewandt. Ihn halten die Anderen für den letzten Aktivisten. Dabei ist Knudsen politisch zutiefst frustriert. Für ihn ist die Partei »im Eimer« (S. 160), seit sie es 1933 versäumt hat, nach Hitlers Machtübernahme den Bürgerkrieg zu entfesseln. (Andersch lässt Knudsen hier seine eigene Überzeugung vertreten.) Gegenüber seinem Rostocker Kontaktmann Brägevoldt, der ihm das Eintreffen eines vom ZK entsandten Instrukteurs ankündigt, poltert er: »[D]ie Partei kann mich am Arsch lecken. Die Partei hätte schießen sollen, statt jetzt Instrukteure zu schicken.« (S. 15) Das Treffen kommt Knudsen umso ungelegener, weil soeben die Dorsch-Fangsaison begonnen hat. Nicht nur entsteht ihm durch eine verspätete Ausfahrt ein materieller Verlust, sie könnte auch die Aufmerksamkeit von Spitzeln erregen. Knudsen erwägt, den Zeitpunkt des Treffens verstreichen zu lassen, denn er ahnt: »Den Instrukteur treffen, hieß sich verstricken.« (S. 17) Im Innersten weiß Knudsen allerdings, dass er in seiner Entscheidung nicht wirklich frei ist:

> Aber auf diesen Köder habe ich mein Leben lang angebissen, entsann er sich. Und immer hat der Haken weh getan. Aber immer hat er mich in die Luft gerissen, in der man die Schreie der Fische hören konnte. Verdammt will ich sein, dachte Knudsen voller Wut, wenn ich ein stummer Fisch sein soll. (S. 18)

Die Stunde bis zum Treffen mit dem ZK-Instrukteur um 16 Uhr nutzt Knudsen, um die ›Pauline‹ bereit für das Auslaufen zu machen. Sie liegt noch als einziges Fischerboot im Hafen. Dort wird Knudsen von Pfarrer Helander angesprochen, der ihn darum bittet, den ›Lesenden Klosterschüler‹ nach Schweden zu bringen. Knudsen erinnert sich, dass sein letztes Gespräch mit dem Pfarrer kurz nach der Machtübernahme der Anderen stattgefunden hat, als dieser ihm, dem ›roten Hund‹, lachend prophezeit hatte, es gehe ihm nun an den Kragen. Knudsen hatte ihm seinerzeit vorausschauend geantwortet: »Auch Ihnen wird Ihr Verdun-Bein eines Tages nichts mehr nützen.« (S. 31) Dieser Tag ist nun da, und Helander sucht in dem Kommunisten Knudsen den Verbündeten gegen die Anderen. Doch Knudsen verweigert die Hilfe. Erst begründet er das mit dem Risiko einer solchen Aktion, dann mit seinem aus politischem Klassenbewusstsein abgeleiteten Prinzip, nichts für einen »Pfarrer für die Bürger« (S. 35) tun zu wollen. Als Helander ihn fragt, ob er denn eine solche Fahrt für die Partei machen würde, wird der tiefere psychologische Grund seiner Weigerung sichtbar. »Seit Jahren tue ich nichts mehr für die Partei, brach Knudsen aus. Das ist es doch! Es gibt sie gar nicht mehr, die Partei. Und da verlangen Sie, ich soll etwas für Ihre Kirche tun?« (S. 36)

Da ihr Gespräch bis zum Glockenschlag um 16 Uhr dauert, bricht Knudsen unmittelbar nach Helander zu dessen Kirche St. Georgen auf, um dort Gregor zu treffen. Über Gregors ohnedies nur halbherzig vorgetragene Instruktionen geht Knudsen mit dem Hinweis auf seine isolierte Situation hinweg. Er hält Gregor entgegen: »Können wir nicht einfach Genossen bleiben, ohne etwas tun zu müssen?« (S. 54) Auf Gregors Erkundigungen nach einer möglichen Verbindung mit dem Ausland reagiert Knudsen zuerst ausweichend. Er wird jedoch wütend, als Gregor ihm seine Fluchtabsicht offenbart und ihn sogar auffordert, mit ihm ins Exil zu gehen. Diese Option besteht für Knudsen wegen Bertha nicht. Helander, der kurz darauf die Szene betritt, erkennt scharfsinnig die Ursache für die gereizte Stimmung zwischen den Parteigenossen: »Diese beiden hatten Angst, und sie hatten es sich eingestanden – daher der Haß zwischen ihnen« (S. 65). Knudsen weist denn auch den von Gregor zum Parteibefehl erhobenen Auftrag, die Plastik nach Schweden zu bringen, mit höhnischem Lachen zurück, weil er dahinter die Absicht vermutet, mit der Figur »nach drüben zu kommen« (S. 65).

Seine Ankündigung, um 17 Uhr mit der ›Pauline‹ abzulegen, macht er aber nicht wahr. Er schickt den Jungen noch einmal nach Hause und beobachtet das Treiben am Kai nach der Ankunft der ›Kristina‹. Als Gregor an Bord kommt, erläutert Knudsen ihm den Transportweg, um die Plastik heimlich aufzunehmen. Die Anrede ›Genosse‹ in Gregors Lob für seinen Plan verbittet sich Knudsen, und auf dessen Vorschlag, »Laß uns doch so tun, als täten wir es für die Partei!«, entgegnet Knudsen unwillig: »Nö, […] ich mach' mir nichts mehr vor.« (S. 101) Seine wahren Motive, ein Gemisch aus dem Versuch, sich selbst zu beweisen, dass er kein stummer Fisch ist, und der Absicht, sich an Gregor für die Demaskierung als innerer Deserteur zu rächen, indem er ihm die mögliche Mitfahrt auf der ›Pauline‹ verweigert, verbirgt Knudsen hinter der Behauptung, er tue es für den Pfarrer, weil »niemand sonst da ist, der ihm seinen Götzen rettet« (S. 101).

Nach Gregors Aufbruch fährt Knudsen die ›Pauline‹ alleine zur Lotseninsel und wartet auf die Übernahme der Plastik. Dort kommt ihm die Idee, die Figur aus der Kirche einfach in der Ostsee zu versenken. Mit Judiths Auftauchen ist dieser Plan gefährdet. Knudsens Weigerung, Judith mitzunehmen, richtet sich allerdings weniger gegen sie persönlich als gegen Gregors Versuch, ihn für seine ›ganz private Sache‹ zu instrumentalisieren. Insbesondere glaubt Knudsen, dass Judith für Gregor bloß das Mittel sein soll, ihm selbst zur Mitfahrt auf

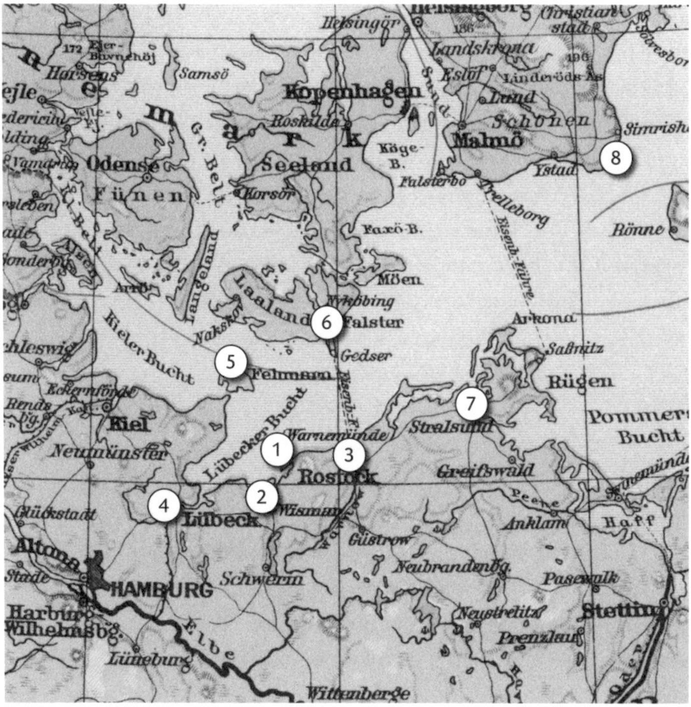

»Diercke Schulatlas für höhere Lehranstalten« von 1937.
1: Rerik – 2: Wismar – 3: Rostock – 4: Lübeck – 5: Fehmarn – 6: Falster – 7: Stralsund – 8: Skillinge.

der ›Pauline‹ zu verhelfen. Dass Gregor und Judith sich siezen, hält Knudsen für Theater, hinter dem sich ein Liebesverhältnis verbirgt. Knudsen lässt sich erst von dieser Überzeugung abbringen, als er, von Gregor im Boxkampf niedergeschlagen am Boden liegend, bemerkt, dass Gregor und Judith weiterhin beim ›Sie‹ bleiben und Gregor Judith geradezu nötigen muss, die Gelegenheit zur Flucht zu nutzen. Da gibt Knudsen sich einen Ruck und erklärt sich zur Mitnahme Judiths bereit, ja, er geht noch einen Schritt weiter und bietet sie sogar Gregor, diesem »beschissene[n], kleine[n] Deserteur, [...] der kneift«, an. Knudsen ändert in diesem Augenblick seine Ansicht über Gregors Aktion, in die er gegen seinen Willen verstrickt wurde. »Aber ich kneife ja auch. Und er ist jung; vielleicht müssen die Jüngeren so kneifen wie er.« (S. 160)

In Schweden angelangt, zeigt Knudsen Judith den Weg nach Skillinge. Seine Geduld wird dann noch einmal von dem Jungen auf die Probe gestellt, der in die Wälder geflohen ist. Aber Knudsen bewahrt die Ruhe und wartet auf der ›Pauline‹, bis der Junge sich besonnen hat und zurückkehrt.

Judith

Judith Levin ist, in Gregors Worten, »ein verwöhntes junges Mädchen aus reichem jüdischem Haus« (S. 124). Sie ist neunzehn oder zwanzig Jahre alt, hat ein schönes, zartes Gesicht (vgl. S. 72) und schwarze Haare. Bis zum Vortag der Handlung hat sie in einer an der Alster gelegenen Villa in Hamburg gelebt. Im Salon hing ein echter Degas. Sie ist auf der Alster gesegelt und hat Tennis gespielt, bis Juden die Mitgliedschaft im Club verboten wurde. Die Ferien verbrachte sie in Kampen auf Sylt oder in der Schweiz. Wie ihr Vater ist sie evangelisch getauft, hat ihren Glauben aber seit der Konfirmation nicht praktiziert. Ihr Vater ist schon länger tot, ihre an den Rollstuhl gefesselte Mutter hat am Tag zuvor mittels Gift Selbstmord begangen, um für Judith auf der unaufschiebbaren Flucht keine Last zu sein. Sie hatte Judith geraten, über das weniger überwachte Rerik ins Ausland zu flüchten. Diese Empfehlung entsprang allerdings keiner strategischen Ortskenntnis, sondern ihrer sentimentalen Erinnerung an einige romantische Tage an der Ostsee. Ohne über die Erfolgsaussichten dieser Verfügung nachzudenken, begibt sich Judith am nächsten Tag in einem hellen, elegant geschnittenen Trenchcoat auf den Weg. In einem Koffer nimmt sie ein Kleid, Wäsche, zwei Paar

Schuhe und Toilettesachen mit, in einer Handtasche eine größere Summe Bargeld. In Rerik angekommen, quartiert sie sich in dem am Hafen gelegenen Gasthaus ›Wappen von Wismar‹ ein. Ins Gästebuch trägt sie sich als Judith Leffing ein.

Judith versucht sich wie eine Touristin zu verhalten und zugleich den Wirt auszufragen, ob auch größere Schiffe nach Rerik kommen. Die Auskunft, dass dies nicht der Fall sei, stellt eine erste Desillusionierung dar. Judith begreift, dass sie in einer Falle sitzt. Ihre Situation wird noch prekärer, als der Wirt sie nach ihrem Pass fragt, da die Polizei jeden Abend das Gästebuch und die Ausweise kontrolliere. Seine Bemerkung, dass er andernfalls »heute nacht klopfen und Sie aus dem Bett holen« müsse (S. 41), versteht sie trotz ihrer Unerfahrenheit sofort. Der Gedanke an diese Möglichkeit ist ihr umso widerwärtiger, als der Wirt ihr wie ein »weißer Block, mit einer Gelatine von Fett überzogen« (S. 42), erscheint.

Das Auftauchen des schwedischen Dampfers ›Kristina‹ weckt erneut ihre Hoffnung. Doch schnell folgt die nächste Desillusionierung: Das Schiff ist schäbig, die Besatzung roh.

> Es gibt auf diesem Dampfer keine Offiziere, dachte Judith, keine gebildeten Männer, an die ich mich wenden kann; in ihrer Vorstellung tauchte das Bild eleganter, blaugekleideter Seeoffiziere auf, […] schweigend bereit, den Schutz einer Dame zu übernehmen. Sie wischte das Bild weg. Es gab Lederjacken, denen man Geld anbieten mußte. (S. 71)

Judith ist sofort verunsichert, weil sie keine Ahnung hat, wie man Leuten Geld anbietet. Aus dem Schatten heraus beobachtet sie, wie die Mannschaft von Bord und ins ›Wappen von Wismar‹ geht. Zu ihrem eigenen Erstaunen bemerkt sie, dass sie »die Möglichkeit, den Wirt nachts klopfen zu lassen«, zwar als »noch genau so abstoßend, aber nicht mehr so völlig absurd und undenkbar« (S. 75) empfindet wie früher am Tag. Nach kurzem Zögern beschließt Judith jedoch, lieber mit einem der schwedischen Matrosen Kontakt zu suchen. Sie kehrt in das Gasthaus zurück. Im Gespräch mit dem Wirt verhält sie sich ungeschickt und verscherzt sich selbst die abscheuliche Option auf »das Klopfen des Scheusals an der Türe«. Resigniert denkt Judith: »nichts ist romantisch, alles ist nur garstig, alles, alles, alles« (S. 83).

Während im Radio das Lied *Yes Sir* von Zarah Leander erklingt, bekommt Judith ein Glas Schnaps auf den Tisch gestellt. Der Text des Liedes wird mit Judiths Ringen um die passende Reaktion synchronisiert (vgl. die Seiten 91 f. dieses Bands). Bevor sie zu einem Entschluss kommt, tritt der Spender an ihren Tisch, mit dem sie englisch spricht. Sie lehnt den Schnaps ab, nimmt aber bereitwillig seine Einladung auf ein Glas Whisky an, weil sie ihre Erinnerung an den schottischen Whisky weckt, den ihr Papa gerne getrunken hat. Als Judith mit dem angetrunkenen Schweden das Lokal verlässt, um aufs Schiff zu gehen, bezeichnet der Wirt sie als ›Flittchen‹. Judith hat selbst das Gefühl, sich wie eine Hafendirne zu verhalten. Auf dem Schiff wird ihr die Aussichtslosigkeit ihres Unternehmens rasch klar. Der Whisky des Kapitäns ist weggeschlossen, der Steuermann der ›Kristina‹ bald ernüchtert und eher verlegen ob seiner unbedachten ›Eroberung‹. Judith spürt deutlich die Haltlosigkeit der Situation und ihre eigene Überforderung:

> Rerik war nicht romantisch, man wurde hier erwachsen, man wurde hier ein zu schnell erwachsenes leichtes Mädchen, das grausam beobachten konnte und dennoch hilflos war, es war ein zu rascher Sprung gewesen, von der Georginenvilla […] in die Härte einer Mädchenherumtreiberei, einer Flittchenflucht. (S. 91)

Als der Steuermann eher verächtlich statt Whisky eine Limonade vor sie hinstellt, bricht Judith in ein halb befreiendes, halb hysterisches Gelächter aus, das sich beim Verlassen des Schiffs in ein schluchzendes Weinen verwandelt. In dieser trostlosen Situation wird sie von Gregor auf dem Kai angesprochen. Er bietet ihr seine Hilfe an und führt sie zur St.-Georgen-Kirche. Dort fühlt sich Judith sofort merkwürdig geborgen. Sie hält Gregor zunächst für einen Abgesandten der Kirche, die sich vielleicht der Verfolgten annehmen wolle. Mit Bitterkeit bemerkt sie, sie wisse erst seit ein paar Jahren, dass sie Jüdin ist. Bis dahin habe sie sich für eine Deutsche gehalten. Gregor klärt sie darüber auf, dass sich ihr die Chance auf Rettung nur als Begleiterin der bedrohten Plastik des ›Lesenden Klosterschülers‹ biete, und führt sie zu ihr. Judith erkennt sofort, von welchem Künstler die Plastik stammt und welchen Wert sie besitzt. Sie fragt Gregor, ob er ihr auch ohne die Figur helfen würde, was er bejaht. Bevor die Situation einen intimen Charakter annehmen kann, tritt Helander hinzu. Vor dem Aufbruch lässt sich Judith von Helander segnen.

Auf dem Weg durch die Nacht hat sie Angst, auch ist Gregor ihr unheimlich. Bei der Fahrt über das Salzhaff betrachtet sie ihn. Er führt ein kurzes Gespräch mit ihr, in dem er sich ›Grigorij‹ nennt und bedauert, sie nicht geküsst zu haben. Nach der Aufregung mit dem Polizeimotorboot hat ihr Gesicht »alle Verwöhntheit verloren« (S. 150). Als es kurz darauf zwischen Gregor und Knudsen wegen ihrer Mitnahme nach Schweden zum Konflikt kommt, versucht Judith, Gregor von Gewaltanwendung abzuhalten. Beim Faustkampf der beiden verbirgt sie ihr Gesicht. Gregor drängt sie zum Einstieg, nachdem er Knudsen niedergeschlagen hat, aber Judith weigert sich. »Judith schüttelte den Kopf. Nein, sagte sie, ich kann dem Mann nicht sein Boot wegnehmen. So geht es nicht, wie Sie es sich gedacht haben.« (S. 159) Erst als Knudsen sich bereit erklärt, sie mitzunehmen, geht sie an Bord der ›Pauline‹. Auf der Überfahrt spricht sie mit dem Jungen über die Plastik. Als sie erkennt, dass er die Gelegenheit nutzen möchte, um abzuhauen, redet sie ihm ins Gewissen und beschwört ihn, Knudsen nicht im Stich zu lassen. In Schweden angekommen, nimmt sie die Plastik an sich und macht sich auf den Weg zum Propst von Skillinge.

›Lesender Klosterschüler‹ / Ernst Barlach

Zwar ist der ›Lesende Klosterschüler‹ keine lebendige Person und kann daher nicht selbst aktiv ins Geschehen eingreifen; dennoch könnte man diese Plastik als die eigentliche Hauptfigur des Romans bezeichnen. Ihre Beschreibung und ihre Benennung sowie der ganze Kontext lassen keinen Zweifel daran, dass es sich um eine Arbeit von Ernst Barlach handelt.

Warum hat Andersch diese Plastik zu einer »Schlüsselfigur des Romans« (Heißenbüttel, vgl. S. 118 dieses Bands) gemacht?

Zur Beantwortung dieser Frage ist ein Blick auf Leben und Werk des Bildhauers, Zeichners und Schriftstellers Ernst Barlach nötig. Barlach wurde am 2. Januar 1870 im holsteinischen Wedel als Sohn eines Landarztes geboren. Er studierte an der Kunstgewerbeschule in Hamburg (1888–1891) und der Kunstakademie in Dresden (1891–1895) und arbeitete nach einem Aufenthalt in Paris von 1898 bis 1902 als Zeichner für die Zeitschrift *Jugend*. Eine achtwöchige Russlandreise im Jahr 1906 wurde für ihn zu einem nachhaltigen künstlerischen Erlebnis. Ab 1908 wurde sein Werk von dem Kunsthändler und Verleger Paul Cassirer betreut, der viele bedeutende Künstler der Moderne bekannt machte. 1910 ließ sich Barlach im mecklenburgischen Güstrow nieder, wo er bis zu seinem Tod blieb. Als Kriegsfreiwilliger kämpfte er 1915/16 als Landsturmmann in Dänemark, wurde aber wie viele durch die

Der Bildhauer, Graphiker und Dramatiker Ernst Barlach (1870 bis 1938); Aufnahme von Karl Heinz Wulf aus dem Jahr 1938.

Fronterfahrung zum Pazifisten. Ab 1921 erhielt er öffentliche Aufträge zu Antikriegs-Denkmälern. So schuf er die ›Schmerzensmutter‹ für die Nikolaikirche in Kiel und 1928 den ›Geistkämpfer‹ für die dortige Universitätskirche. 1929 wurde sein Ehrenmal für die Gefallenen des Weltkriegs im Magdeburger Dom aufgestellt. In diesem Zusammenhang wurden erste öffentliche Gegenstimmen aus völkisch-reaktionären Kreisen laut. Trotz erfolgreicher Ausstellungen in Berlin, Essen, Kiel und Lübeck aus Anlass seines 60. Geburtstags im Jahr 1930 konnte im Folgejahr erst nach langen Auseinandersetzungen im Senat sein Hamburger Ehrenmal realisiert werden. Einen Ehrenmals-Entwurf für Stralsund zog Barlach 1932 aufgrund des politischen Widerstands zurück. Mit der Machtübernahme der Nationalsozialisten verschlechterte sich Barlachs Situation rapide, zumal er durch seinen Protest gegen den Ausschluss von Käthe Kollwitz und Heinrich Mann aus der Akademie der Künste keinen Zweifel an seiner kritischen Haltung gelassen hatte. Bereits im März 1933 wurde das Magdeburger Ehrenmal entfernt, seine Arbeiten im Besitz öffentlicher Sammlungen wurden nach und nach magaziniert. Auch seine Dramen, für die er 1924 den renommierten Kleist-Preis erhalten hatte, durften nicht mehr aufgeführt werden. Am 24. März 1936 erfolgte die Beschlagnahme seiner im Piper-Verlag erschienenen Zeichnungen durch die Bayerische Politische Polizei ›im Benehmen mit dem Reichsministerium für Volksaufklärung und Propaganda‹. Die Tafel I zeigte die Zeichnung ›Der Lesende‹. Barlach richtete am 25. Mai ein Protestschreiben an den Propagandaminister Joseph Goebbels, in dem er dieses Motiv an erster Stelle erwähnt: »Unmöglich, dass z. B. Blätter wie (ich nenne die dargestellten Themen): Lesender, Geiger, Lied an die Freude [...], Schilderungen rein menschlicher und zeitloser Zustände, den Schutz der Öffentlichkeit vor ihnen herausfordern.« (Zitiert nach: Barlach, Katalog I, S. 125) Die um die Jahreswende 1936/37 entstandene Plastik ›Der Buchleser (Lesender Mann im Wind)‹ kann als Ausdruck von Barlachs Selbstbehauptungswillen gedeutet werden. Bertolt Brecht kommentierte sie 1952 in einer Weise, die Anderschs beziehungsweise Gregors Verständnis des ›Lesenden Klosterschülers‹ nahekommt: »Ein sitzender Mann, vorgebeugt, in schweren Händen ein Buch haltend. Er liest neugierig, zuversichtlich, kritisch. Er sucht deutlich Lösungen dringender Probleme im Buch. Goebbels hätte ihn wohl eine ›Intelligenzbestie‹ genannt.« (Brecht, S. 184)

Barlach erhielt 1937 Ausstellungsverbot. Er nannte es nicht ohne Grund ›das schlimme Jahr‹. Aus der Kieler Universitätskirche wurde am 20. April 1937 der ›Geistkämpfer‹ entfernt. Ebenso erging es seinen Holzplastiken auf der Jubiläumsausstellung der Preußischen Akademie der Künste. Die Akademie hatte aufgrund von Gerüchten über Barlachs jüdische

Abstammung die Reichsstelle für Sippenforschung mit einer Überprüfung beauftragt, erhielt aber – zu ihrem Bedauern – am 30. März 1937 die Auskunft, Ernst Barlach sei ›rein arischer Abstammung‹. Im August 1937 wurde schließlich die große Skulptur ›Der Schwebende‹, die die Gesichtszüge der pazifistischen Bildhauerin Käthe Kollwitz trug und zu den prominentesten Werken Barlachs zählte, aus dem Güstrower Dom entfernt. Vom Landesbischof nach Schwerin gebracht, wurde sie später von der NSDAP abgeholt und ist seither verschollen. Stattdessen wurden Werke von ihm auf der von den Nationalsozialisten arrangierten Wanderausstellung ›Entartete Kunst‹ gezeigt. Am 24. Oktober 1938 starb Barlach im St. Georgs-Spital in Rostock.

Das Motiv des Lesenden war schon vor der Entstehung des ›Lesenden Klosterschülers‹ von 1930 integraler Bestandteil von Barlachs zeichnerischem und plastischem Werk. Von 1910 stammt die Zeichnung ›Heiterer Leser‹, 1916 zeigt die Lithographie ›Wem Zeit wie Ewigkeit‹ einen lesenden Jüngling am Meeresstrand, 1921 schuf Barlach die ersten beiden Versionen der Plastik ›Die lesenden Mönche‹, die er 1932 noch ein drittes Mal formte. 1924 entstand die Lithographie ›Lesender Jüngling‹. Der Plastik ›Lesender Klosterschüler‹ von 1930 gingen zahlreiche zeichnerische Vorstufen voraus. Sie war eine Auftragsarbeit des Industriellen Richard van Tongel, die in dessen Fabrik in Güstrow aufgestellt wurde. Heute befindet sie sich im dortigen Ernst-Barlach-Museum.

In Anderschs Roman steht der ›Lesende Klosterschüler‹ als ›größtes Heiligtum‹ in Helanders Pfarrkirche St. Georgen, aus der sie auf Druck der Nationalsozialisten entfernt werden soll. Helander reflektiert: »Den mächtigen Christus auf dem Altar lassen sie in Ruhe, sein kleiner Schüler ist es, der sie stört. Das Mönchlein, das liest.« (S. 34) In der spezifischen Art seines

Lesens liegt seine eigentliche Sprengkraft und das für den Nationalsozialismus Provozierende. Der Klosterschüler sitzt in einer entspannten Haltung, er liest aufmerksam und prüfend, er symbolisiert den tätigen und freien Geist. Diese Qualität seines Lesens kommt in der detaillierten Ekphrasis (so nennt man eine literarische Beschreibung eines Werks der Bildenden Kunst), die Gregor liefert, präzise zum Ausdruck:

> Die Figur stellte einen jungen Mann dar, der in einem Buch las, das auf seinen Knien lag. Der junge Mann trug ein langes Gewand, ein Mönchsgewand, nein, ein Gewand, das noch einfacher war als das eines Mönchs: einen langen Kittel. Unter dem Kittel kamen seine nackten Füße hervor. Seine beiden Arme hingen herab. Auch seine Haare hingen herab, glatt, zu beiden Seiten der Stirne, die Ohren und die Schläfen verdeckend. [...] Die Spalten, die seine sehr großen Augendeckel gerade noch freiließen, waren geschwungen, zwei großzügige und ernste Kurven, in den Augenwinkeln so unmerklich gekrümmt, daß auch Witz in ihnen nistete. Sein Gesicht war ein fast reines Oval, in ein Kinn ausmündend, das fein, aber nicht schwach, sondern gelassen den Mund trug. Sein Körper unter dem Kittel mußte mager sein, mager und zart; er durfte offenbar den jungen Mann beim Lesen nicht stören. (S. 48)

Die zentrale Rolle, die der ›Lesende Klosterschüler‹ für Gregors Idee eines neuen ›Lebens ohne Auftrag‹ spielt, führt dazu, dass er zum Angelpunkt seiner nächtlichen Rettungsaktion, seiner ›ganz privaten Sache‹ wird. Damit wird die Plastik zum Katalysator dessen, was Gregor als Parteiauftrag nach Rerik geführt hatte: Um sie bildet sich eine Fünfergruppe (Helander, der Junge, Gregor, Judith, Knudsen), die aktiv eine Widerstandshandlung gegen die Anderen vollzieht.

Ernst Barlach: ›Lesender Klosterschüler‹. Die 1930 entstandene, nicht ganz lebensgroße Holzplastik befindet sich heute in der Gertrudenkapelle in Güstrow, die zum Museumskomplex der Barlach-Stiftung gehört.

3 Gehalt

Elemente eines Entwicklungsromans

Wenn man den Blick auf die Figuren richtet, wird man die These formulieren können, dass *Sansibar oder der letzte Grund* Merkmale des Entwicklungsromans aufweist. Der Junge mit seinem Traum von einem besseren Leben steht zunächst für das utopische Denken schlechthin. Andersch lässt diesen utopischen Impuls aber nicht in einem diffusen oder rein literarischen Eskapismus zerfließen. Der Junge verwirklicht durch seine kurzfristige Waldexistenz seinen Traum von Freiheit, entscheidet sich aber zur Rückkehr und nimmt das Wissen um die Freiheit mit zurück ins unfreie Deutschland. Seine Entwicklung »mündet in die Annahme der moralischen Forderungen einer Erwachsenenwelt im Ausnahmezustand« (Wittmann, S. 44).

Irene Heidelberger-Leonard hat darauf hingewiesen, dass auch für den Jungen die Begegnung mit der Skulptur von ausschlaggebender Bedeutung sei. Sie schreibt: »Die anfänglich erzwungene Bindung an Knudsen führt über das volle Genießen des Ausbruchs zur Annahme einer freiwilligen Bindung. Nicht mehr Huckleberry Finn ist jetzt des Jungen Vorbild, sondern der Klosterschüler.« (Heidelberger, S. 85) Die Beschreibung dieses ›vollen Genießens des Ausbruchs‹ zeigt noch einmal, wie genau Andersch seinen Text konstruiert hat. In der fünften Sequenz des Jungen heißt es: *»Alles, was Huck Finn konnte, kann ich auch: ich kann angeln und ich kann Fische braten und ich kann mich gut verstecken.«* (S. 24) Es sind diese drei Dinge, die er im Wald in Schweden zuerst tut: Er angelt, brät seinen Fang und nutzt die Blockhütte als Versteck. Nach dieser Imitation seines Vorbilds Huckleberry Finn ist der Junge quasi reif für eine höhere Bewusstseinsstufe. Er integriert ein Handeln in Verantwortung in sein Denken, ohne dabei zum Opfer eines Realitätsprinzips zu werden, das von einer anderen Möglichkeit des Daseins nichts weiß.

Dass an diesem qualitativen Sprung in der Entwicklung des Jungen Judith durch ihr Gespräch mit ihm auf der ›Pauline‹ einen wesentlichen Anteil hat, resultiert aus ihrem eigenen Reifeprozess. Es ist eine Entwicklung quasi im Zeitraffer, wie sie selbst sie an sich wahrnimmt. Ein erster Schritt war ihre autonome – freilich von Zarah Leanders Lied unterstützte (vgl. S. 91 f. dieses Bands) – Entscheidung, der Einladung des schwedischen Steuermanns zu folgen. Eine zweite Station markiert ihr Verhalten in St. Georgen. Nachdem sie ihren der Situation unangemessenen Stolz überwunden hat, kommt ihre neue erwachsenere Haltung darin zum Ausdruck, dass sie auf dem Boden kniend die demontierte Plastik in den Armen hält. Judith nimmt zwar keine Pietà-Haltung (Darstellung Marias mit dem Leichnam Christi in ihrem Schoß) ein, aber immerhin zeigt sich in ihrem Tun etwas Fürsorgliches. Die dritte Stufe lässt sich an ihrem Verhalten während des Showdowns (vgl. S. 93–97 dieses Bands) und am Gespräch mit dem Jungen ablesen. Judith hat den goldenen Käfig ihrer behüteten Existenz hinter sich gelassen.

Selbst für Knudsen könnte man eine positive Entwicklung behaupten. Sie besteht zum einen in der schlussendlichen Aufgabe seines Widerstands gegen Gregors ›ganz private Aktion‹ und zum anderen in seiner Entscheidung, »kein toter Fisch« zu sein, weil er »die Lust an der Liebe behalten will« (S. 101). Aus der Teilhabe an der Rettungsaktion zieht Knudsen die Genugtuung, einmal etwas gegen die Anderen getan zu haben. Diese Genugtuung erleichtert ihm das weitere ›Überwintern‹ an der Seite Berthas.

Gregors Entwicklung ist wesentlich an die Begegnung mit dem ›Lesenden Klosterschüler‹ geknüpft. Zwar hat er sich schon zuvor innerlich von der Dogmatik seiner Partei gelöst, aber erst die Plastik weckt in ihm die Vorstellung eines völlig anderen Lebens jenseits jeden Auftrags. Es gehört zur dialektischen Konstruktion von Anderschs Roman, dass er Gregor diesen Schritt in eine neue Existenzform ohne Aufträge erst auf dem Weg eines selbst erteilten Auftrags erreichen lässt. Es ist gerade diese selbst gestellte Aufgabe, die Gregor das Gefühl von Freiheit gibt. »Er begriff auf einmal, daß er die Partei vergessen hatte und daß er frei war, befreit durch Dinge, die sich überhaupt nicht fassen ließen« (S. 74).

Die Entwicklung Helanders kann man unter einer politischen und einer theologischen Perspektive betrachten. Politisch macht Helander den Schritt von einer inneren Ablehnung der Anderen zu einer offenen Widerstandshandlung. Helander, so könnte man sagen, leistet als Einzelner, was die Kommunistische Partei versäumt hat: bewaffneten Widerstand. Die Entscheidung zu dieser Tat bildet seinen Augenblick der Freiheit. Die Tat selbst besitzt ihre theologische Seite darin, dass Helander mit ihr den Schritt macht, eines der zehn Gebote (›Du sollst nicht töten‹) bewusst zu brechen, um eine Antwort auf seine Glaubensfrage zu erhalten. Im Ergebnis führt dieser Entschluss zur Selbsterlösung im Tod.

Modellcharakter

Die Modellhaftigkeit von Anderschs Roman resultiert aus seiner oben angesprochenen bewussten Konstruktion (vgl. S. 43 f. dieses Bands). Das beginnt schon damit, dass das so präzise beschriebene Rerik ein synthetischer Schauplatz ist, den Andersch aus Elementen des wirklichen Rerik, aus dem benachbarten Ostseehafen Wismar und aus dem schleswigholsteinischen Fluss Treene zusammengesetzt hat. Genau genommen hat es Rerik im Oktober 1937 noch gar nicht gegeben, denn die Stadt wurde erst am 1. April 1938 von den Nationalsozialisten durch die Umbenennung des Ortes Alt Gaarz (der neue Name sollte an einen germanischen Handelsplatz erinnern) geschaffen. Andersch erfindet also einen Raum, der ihm als Bühne für eine Art Laborversuch dient. Diese Haltung findet sich im Roman selbst (innerhalb der Diegese) bei Gregor wieder. Dieser sieht sich als ›Aktionsspieler‹, der »den Genossen Klosterschüler und das jüdische Mädchen, den einbeinigen Pfarrer und Knudsen« »über ein Schachbrett aus tarasovkastaubigen und rerikroten Feldern« zieht (S. 98). Hier erhält Gregor – wie schon zu Beginn durch seine Einführung des Begriffs ›Konstruktion‹ – erneut eine produktionsästhetische Dimension für Anderschs Schreibprozess.

Im Zentrum der Modellhaftigkeit steht natürlich die Figur des ›Lesenden Klosterschülers‹ beziehungsweise die Deutung, die Gregor ihr gibt. Es ist die Haltung kritischer Distanz und geistiger Autonomie. Die Art und Weise der dem Klosterschüler abgelesenen Lektüre wird »zum grundlegenden Akt des geistigen Widerstands« (Stocker, S. 281). Daher macht Gregor die Rettung der Plastik zu seiner eigenen Sache. Diese uneigennützige Tat Gregors und der aktive Widerstand Helanders dienen als Modelle eines möglichen Widerstands. Die fünf Personen, die die Plastik zusammenführt, sind zwar keine illegale Parteizelle, aber »sie sind die exemplarische Fünferzelle, auf der die Zukunft der Menschheit ruht« (Demetz, S. 231). Günther Stocker hat überdies darauf hingewiesen, dass die modellhafte Zukunftsorientierung des in der Plastik verkörperten ›freien Lesers‹ auch innerhalb der heutigen Mediengesellschaft unter neuer Perspektive unverändert aktuell ist.

Die Aufmerksamkeit und Skepsis des ›lesenden Klosterschülers‹ machen ihn gegen die ideologischen Indoktrinationen von Stalinismus und Nationalsozialismus ebenso immun wie gegen die fröhlichen Überwältigungsversuche der Kulturindustrie, in welcher medialen Form sie auch erscheinen mögen. Der ›lesende Klosterschüler‹ ist eben nicht in sein Buch ›versunken‹, wie es im Roman ausdrücklich heißt, verharrt eben nicht passiv und weltvergessen vor dem Buch, sondern kann jederzeit aufstehen und gehen. Damit ist nicht nur die Utopie eines kritischen Lesens aufgezeichnet, sondern die Grundregel jeglichen bewussten Medienverhaltens. Die Vorstellung, dass die Zuseherinnen und Zuseher plötzlich aufstehen und weggehen könnten, um etwas anderes zu tun, ist auch heute noch die größte Angstphantasie jedes Programmverantwortlichen und jedes Werbeleiters, beim Fernsehen ebenso wie bei den Online-Medien.

Günther Stocker, Lesen als Utopie der Freiheit, S. 285.

In Anderschs Roman werden die Nationalsozialisten nie anders als ›die Anderen‹ genannt. Zum einen wirkt diese

Anonymität als Verstärkung des bedrohlichen und undurchsichtigen Charakters des totalitären Systems, zum anderen nimmt diese Herrschaftsform dadurch die Züge eines Modells an. Auf diese Weise gewinnen aber auch die Widerstandsakte Modellcharakter, das heißt: sie können nach dem historischen Ende des Nationalsozialismus darauf aufmerksam machen, wie Widerstand möglicherweise aussehen könnte. Die Bedingung der Möglichkeit eines solchen Widerstands besteht in der Freiheit zur Entscheidung und der Entscheidung zur Freiheit. Sowohl an Gregor wie an Helander wird der Prozess einer Emanzipation des Individuums von den Dogmen einer Partei oder Kirche greifbar.

Die Emanzipation von ideologischen Strukturen ist bei Andersch mit der Erkenntnis einer dialektischen Anthropologie verbunden. In den *Kirschen der Freiheit* formuliert er diese Erkenntnis über das Wesen des Menschen wie folgt:

> Angst […] gehört, ebenso wie der Mut, zu seiner Natur. […] Der Wert des Menschen besteht darin, daß er Mut und Angst, Vernunft und Leidenschaft nicht als feindliche Gegensätze begreift, die er zerstören muß, sondern als Pole des einen Spannungsfeldes, das er selber ist. (GW 5, S. 382 f.)

Demselben Gedanken begegnet man in *Sansibar oder der letzte Grund* an zwei Stellen. Zum einen stellt Helander, als er die psychologischen Motive von Gregors und Knudsens Streit durchschaut, erstaunt fest, dass die Kommunistische Partei nicht aus »Eisernen« besteht, sondern »aus Menschen, die Angst oder Mut hatten« (S. 65). Zum anderen heißt es über ihn selbst, wie er hin- und hergerissen zwischen der Bereitschaft zum Martyrium und der Flucht ins Krankenhaus vor dem Telefon brütet: »er erkannte, wie genau sich in ihm Angst und Mut die Waage hielten« (S. 113f.).

Paratext und Intertextualität

Dem Beginn der Romanhandlung ist ein Motto vorangestellt. Motti, Widmungen und andere begleitende Textelemente nennt man in der Erzähltheorie Paratexte. Bei dem Motto in *Sansibar oder der letzte Grund* handelt es sich um eine neunzeilige Strophe des englisch-walisischen Dichters Dylan Thomas (1914–1953). Sie bildet die mittlere Strophe des Gedichts *And death shall have no dominion*, das Andersch 1955 in seiner Zeitschrift *Texte und Zeichen* in der Übersetzung von Erich Fried abgedruckt hatte. Thomas nimmt mit seinem Titel Bezug auf eine Stelle in den Römerbriefen (6,9). Es ist kein religiöses Gedicht, sondern eines, das man als naturmagische und existentialistische Revolte gegen den Tod verstehen kann. Für den Roman hat es in diesem Sinn eine antizipierende, programmatische Funktion.

Intertextualität bezeichnet ein Verhältnis zwischen (mindestens) zwei Texten, in dem der spätere auf den früheren bewusst Bezug nimmt. Das kann durch die Übernahme eines Motivs oder auf einer strukturellen oder dichtungstheoretischen Ebene geschehen. Anderschs Roman enthält motivische beziehungsweise zitierende Bezugnahmen auf drei prominente Texte der deutschen Literaturgeschichte.

Die erste betrifft Theodor Fontanes Roman *Effi Briest* (1895). Als Judith den laut fuhrwerkenden Wirt beobachtet, heißt es: »Ein Chinese, dachte Judith, ein großer, weißer, fetter Chinese. Nur nicht so leise wie ein Chinese.« (S. 40) Diese Assoziation ist wohl als Anspielung auf Fontanes erfolgreichsten Roman zu verstehen. Die junge Protagonistin ist von besonderer Furcht vor der dämonischen Erscheinung eines toten Chinesen erfüllt, der metaphorisch für einen ›Zwangsapparat aus Angst‹ und für triebhafte Gewalt steht.

Der zweite prominente Text ist Goethes *Faust*. Während des nächtlichen Transports der Plastik fallen Judith Verse ein, die ihr Vater bei Spaziergängen in den ›himmlischen Nächten‹ in Kampen oder Sils Maria rezitiert hat. Die mit der Zeile »Nacht ist schon hereingesunken« (S. 139) beginnende achtzeilige Strophe, die Judith erinnert, gehört zu dem lieblichen, von Äolsharfen begleiteten Gesang des Chores der um den schlafenden Faust schwebenden Geister. Er steht am Beginn des zweiten Teils von Goethes *Faust* (1832) und umgibt den Schlafenden mit der Aussicht auf eine universelle Wunscherfüllung. An dieser Stelle fungiert das Zitat als krasses Kontrastmittel zu Judiths als kalt und trostlos empfundener Situation.

Bei dem dritten prominenten Text handelt es sich um Thomas Manns Roman *Doktor Faustus* (1947), auf den Helander in seinen Reflexionen über die Hölle anzuspielen scheint. »Die Hölle, das war nicht ein Raum aus Hitze und Feuer, ein Raum, in dem man brannte – die Hölle war der Raum, in dem man fror, sie war die absolute Leere.« (S. 169) Das Werk von Thomas Mann besaß für Andersch seit den 1930er-Jahren einen hohen Stellenwert. Es ist daher naheliegend, bei dieser ungewöhnlichen Verknüpfung der Hölle mit dem Motiv des Frierens an den Auftritt des leibhaftigen Teufels im *Doktor Faustus* zu denken. Im XXV. Kapitel teilt der Chronist Serenus Zeitblohm das Protokoll mit, das die Hauptfigur des Romans, der Komponist Adrian Leverkühn, von seiner Begegnung mit dem Teufel angefertigt hat. Darin heißt es in Leverkühns das Altdeutsche imitierendem Stil:

> Saß allein hier im Saal, nahendt bei den Fenstern […]. Da fühl ich mich auf den Plotz von schneidender Kälte getroffen, so als säße Einer im winterwarmen Zimmer und auf einmal ginge ein Fenster auf nach außen gegen den Frost. Kam aber nicht von hinter mir, wo die Fenster sind, sondern fällt mich von vorn an. Rucke auf vom Buch und schau in den Saal, sehe […]: Jemand sitzt im Dämmer auf

> dem Roßhaarsofa […]. Und der Frost, von ihm her, dringt mich an, schneidend, daß ich mich schutzlos und bloß fühle davor in meinem leichten Anzug. (Th. Mann, S. 326f.)

Leverkühn muss auf Weisung des Teufels sogar seinen Wintermantel anlegen, damit er die lange Unterhaltung mit ihm führen kann, ohne zu erfrieren. Ironischerweise macht der Teufel zwar im Verlauf dieses Gesprächs mehrere Metamorphosen durch, aber an seiner eisigen Ausstrahlung kann er nichts ändern. Als Leverkühn, dem der Froststrom bis ins Mark der Knochen schneidet, ihn bittet, diesen eisigen Zug abzustellen, muss der Leibhaftige zugeben: »Es tut mir leid, dir hierin nicht gefällig sein zu können. Ich bin nun einmal so kalt.« (Th. Mann, S. 331)

Die am meisten ausgearbeitete und am engsten mit der Handlung verflochtene Intertextualität besteht in Anderschs Bezugnahme auf den Filmschlager *Yes Sir*. Während Judith im ›Wappen von Wismar‹ sitzt und auf einen Weg sinnt, mit den schwedischen Seeleuten in Kontakt zu treten, kündigt der Radiosprecher »ein Lied aus dem Tonfilm *Heimat*, gesungen von Zarah Leander«, an (S. 84). Das darauf einsetzende Lied *Yes Sir* (es stammt im Übrigen aus dem Film *Zu neuen Ufern* von 1937, nicht aus *Heimat*, der erst 1938 gedreht wurde) setzt die Schweden sichtlich in Verlegenheit, weil Zarah Leander, die mit bürgerlichem Namen Sara Stina Hedberg hieß, eine gebürtige Schwedin war und seit Oktober 1936 unter Vertrag bei der deutschen Filmgesellschaft UFA stand. Judith wird sofort von der gleichermaßen spöttischen und elegant im Rhythmus schwingenden Stimme hingerissen. Einen Augenblick später bekommt sie ein Glas Schnaps auf den Tisch gestellt. Die selbstbewusst herausfordernde Attitüde des Lieds – »so bin ich und so bleibe ich« – bildet den Subtext zu Judiths Ringen um die passende Reaktion auf diesen Annä-

Die steile Karriere der »deutschen Greta Garbo« beginnt

31. August. *Der erste deutsche Spielfilm mit Zarah Leander, die UFA-Produktion »Zu neuen Ufern«, wird im Berliner UFA-Palast am Zoo uraufgeführt (Foto r. mit Willy Birgel in einer Filmszene). Der kometenhafte Aufstieg der schwedischen Schauspielerin ist nicht so sehr der rührseligen Handlung des unter der Regie von Detlef Sierck entstandenen Films zu verdanken, als vielmehr den von der Leander gesungenen Liedern »Sehnsucht«, »Ich steh' im Regen« und »Yes, Sir!«, die Ralph Benatzky geschrieben hat.*

Willy Birgel und Zarah Leander in »Zu neuen Ufern« (1937). Es war der erste von zehn Spielfilmen Zarah Leanders für die UFA.

herungsversuch. Während eines instrumentalen Zwischenspiels tritt der Schwede, der ihr den Schnaps spendiert hat, an ihren Tisch. Da sie den Schnaps zurückweist, bietet er ihr Whisky an, den es auf dem Schiff gebe. Der Wirt schaltet sich nun ein und gefällt sich darin, die geheuchelte Rolle des Beschützers zu spielen. Die Sängerin hat unterdessen wieder zu singen begonnen. Judith, so heißt es, »vertraute sich wieder ein paar Augenblicke lang der tiefen, singenden Stimme an«, die über die mögliche Verführbarkeit von Onkel und Neffen »im Spielsalon oder im Himmelbett« spottet (S. 86). Als der Streit zwischen dem Wirt und dem Schweden zu eskalieren droht, kommen sowohl Judith als auch Zarah Leander zu einem Schluss. »Judith hatte sich erhoben. Ich komme mit, sagte sie, ich will gerne Ihren Whisky probieren. / Der Schlager rauschte noch einmal auf und erlosch.« (S. 87) Es ist deutlich, dass Leanders *Yes Sir* Judith zu ihrem ›Ja‹ ermutigt hat.

IV Exemplarische Interpretationen

1 Der Showdown zwischen Gregor und Knudsen

Die viertletzte Sequenz von *Sansibar oder der letzte Grund* (S. 152–163) enthält den angesprochenen Showdown zwischen Gregor und Knudsen. Sie gehört zu den vier Sequenzen, die mit drei Namen überschrieben sind (hier: ›Knudsen · Gregor · Judith‹), aber eigentlich müssten es vier sein, denn der Junge tritt ebenfalls in ihr auf.

Auf der Handlungsebene zerfällt die Sequenz in drei Teile. Der erste zeigt Knudsen allein (S. 152–154), der zweite führt die vier Personen zusammen und enthält den eigentlichen Showdown (S. 154–161), der dritte zeigt Gregor allein (S. 161 bis 163). Der innere Aufbau lässt so bereits erkennen, dass die Sequenz von Gregor und Knudsen und dem sich zuspitzenden Konflikt zwischen ihnen dominiert wird. Diese duellartige Situation wird von Andersch auch erzähltechnisch unterstrichen. Insgesamt gliedert sich die Sequenz wie üblich in Landschafts- und Handlungsbeschreibungen, Dialoge und die Wiedergabe von Denkprozessen. In der ›Duellszene‹ werden nur Gedankengänge von Gregor und Knudsen mitgeteilt; Judith und der Junge bleiben im Hintergrund. Besonders Gregors und Knudsens abschließende Gedanken werden in Form harter Schnitte aneinandergefügt. Die polare Korrespondenz der beiden Figuren wird hier besonders sinnfällig:

> Mein Gott, dachte Gregor, dieser Mann hat mich gehaßt. [...] Wenn ich [...] versagt hätte, wenn ich zu dem Jungen gesagt hätte, ich fahre mit, dann hätte er mich gehaßt bis ans Ende seiner Tage. / Der hochnäsige Kerl, dachte Knudsen, der verdammte hochnäsige Kerl. (S. 159 f.)

Zu Beginn legt Knudsen um zwei Uhr nachts mit der ›Pauline‹ auf der Seeseite der Lotseninsel an. Er hat noch etwas Zeit bis zum Eintreffen des Ruderboots und kommt beim Nachdenken über seine Situation auf die Idee, die Plastik einfach in der Ostsee zu versenken. Dieser rettende Gedanke einer ›Entsorgung‹ seines Problems ist mit dem Auftritt von Judith gefährdet. Knudsens Widerstand ist um so entschiedener, als er Gregor unterstellt, die Rettung der Jüdin nur als Mittel zum Zweck für die eigene Flucht benutzen zu wollen. Es ist erkennbar, dass er Gregors Worten, nicht mit nach Schweden fahren zu wollen, keinen Glauben schenkt. Hinzu kommt, dass er sich nicht zum Instrument einer ›ganz privaten Sache‹ machen lassen möchte, bei der er das größte Risiko trägt. Knudsen gibt seine Weigerung zu helfen erst auf, als er nach seiner Niederlage im Boxkampf mit Gregor realisiert, dass dieser tatsächlich nicht mit aufs Boot geht. Nun ist er dazu bereit, seine Meinung über den Charakter der Rettungsaktion zu ändern: »Wenn die Partei schon im Eimer ist, dann müssen die Jungen so kneifen wie er, und die Älteren so wie ich. Dann ist es besser, wir machen solche Sachen wie die, zu der er mich heute gezwungen hat, Sachen ohne die Partei, private Sachen.« Nach dieser Einsicht bietet Knudsen Gregor sogar die Mitfahrt auf der ›Pauline‹ an, was dieser aber »höhnisch« zurückweist: »Ich pfeife auf dein Angebot.« (S. 160)

Interessant ist an dieser Stelle, dass Gregor hier gewissermaßen zum Opfer des von ihm selbst geschaffenen Fremdbilds wird. Die Situation stellt eine Art Reprise des Gesprächs in St. Georgen dar, in dessen Verlauf Gregor zuerst nach der Möglichkeit gefragt hatte, einen Kurier ins Ausland zu bringen, um dann die dringende Bitte anzuschließen, ihm selbst die Flucht zu ermöglichen. In diesem Moment war »eine Welle von Wut« in Knudsen hochgestiegen, und er hatte Gregor ›angeknurrt‹: »Du hättest deinen Dreck für dich behalten können« (S. 57). Gregors verzweifelter Versuch, Knudsen eine gemeinsame Flucht vorzuschlagen, verschärft den Konflikt nur. Hier liegt der psychologische Grund für Knudsens erbitterten Hass auf Gregor. Er hat mehrere Quellen. Zum einen stört ihn Gregors Auftauchen in seinem Abgetauchtsein auf. Sein Frust über das Versagen der Partei im Jahr 1933 hatte ihm bisher als Legitimation gedient, sich in einer Nische einzurichten und bis zu dem Moment zu überwintern, da man wieder handeln kann. Beim Gespräch in St. Georgen deutet Knudsen »mit dem Finger auf seine Stirne. Da drin müssen wir noch da sein, sagte er. Das ist viel wichtiger als ein paar Flugblätter verteilen und Parolen an die Wände schmieren.« (S. 55) Zum anderen projiziert Knudsen den Selbsthass, den er im Innersten genau wegen dieser Legitimation seiner Untätigkeit verspürt, die nichts anderes als eine Form von Desertion ist, in dem Moment auf Gregor, als dieser sich ihm als Deserteur zu erkennen gibt. Er hasst Gregor also quasi deswegen, weil er sich in ihm selbst in unverborgener Weise erkennt.

Zur Unversöhnlichkeit wächst sich dieser Hass aber durch Gregors Vorschlag aus, mit ihm gemeinsam ins Exil zu flüchten. Für Knudsen besteht, was Gregor zu diesem Zeitpunkt noch nicht weiß, diese Möglichkeit wegen seiner Verantwortung für seine Frau nicht. Knudsens Hass muss sich steigern, weil Gregor im Gegensatz zu ihm die Chance zur Flucht in die Freiheit hat: Er hat auf keine geistig verwirrte Frau Rücksicht zu nehmen. So versammeln sich aus Knudsens Perspektive in Gregor diverse hassenswerte Elemente: Verrat an der Partei, Egoismus, Verantwortungslosigkeit, vor allem aber Demaskierung seines Selbstbetrugs. Aus diesem Hass erwächst schließlich Knudsens Entschluss, sich doch für die Rettung des ›Lesenden Klosterschülers‹ zur Verfügung zu stellen. Er will »kein toter Fisch sein« (S. 101), zu dem er sich durch Gregor gemacht fühlt (vgl. S. 78), und er will durch die

Beteiligung an der Aktion die Gelegenheit erhalten, Gregor zu bestrafen, indem er nur die Plastik mitnimmt.

Die Tatsache, dass Knudsen trotz dieses tief sitzenden Hasses und nach der demütigenden Niederlage im Boxkampf Gregor dennoch die Mitfahrt anbietet, zeugt von menschlicher Größe. Gregor wird in dieser Situation Opfer seiner Strategie. Seine spontanen Gedankengänge in der Showdown-Sequenz offenbaren seine innere Zerrissenheit. Als Knudsen ihm nach seiner trotzigen Erklärung – »Ich fahre auf keinen Fall mit. Ich brauch' dich nicht, um rauszukommen« (S. 156) – provozierend vorschlägt, Judith doch selber bei seiner Flucht mitzunehmen, heißt es:

> Einen Augenblick lang hing Gregor diesem Gedanken nach. Vielleicht wäre es das Beste, dachte er, aber es wäre auch das Gefährlichste. Und außerdem will ich allein bleiben. Ich will allein raus, und draußen will ich allein sein, allein wie dieser Bursche aus Holz [...]. (S. 156)

Dass das zumindest nicht die ganze Wahrheit ist, zeigt sich, als Gregor den Jungen fragt, ob er das Boot auch allein nach Schweden bringen könne.

> Er ertappte sich dabei, zu hoffen, der Junge würde die Frage verneinen. Vielleicht würde er nein sagen, und dann hatte er, Gregor, einen Grund, mitzufahren. [...] Aber [...] der Junge sagte: Klar bring ich die ›Pauline‹ allein rüber. Das schaff' ich schon. / Aus der Traum, dachte Gregor, es soll nun mal nicht sein. (S. 158 f.)

Explizit wird Gregors Selbstwiderspruch, als der noch am Boden liegende Knudsen ihn verwundert fragt, ob er wirklich nicht mitfahren wolle. »Nein, sagte Gregor, ich hab' es dir doch gesagt. Es ist gelogen, dachte er, ich möchte mitfahren.« (S. 159) Auch auf das stumme Zeichen Judiths, Knudsens Angebot zur Mitfahrt anzunehmen, reagiert Gregor mit ablehnendem Kopfschütteln (vgl. S. 161). Die intellektuelle Entscheidung, die Flucht allein durchzuführen und allein zu bleiben, liegt mit dem spontanen Wunsch, sie gemeinsam mit Judith anzutreten und vielleicht ihrer Verführungskraft nachzugeben, im Widerstreit. Es ist symptomatisch, dass Gregor, dessen Geist sich, wie es an früherer Stelle hieß, »gegen diese Funktion des Fleisches« (S. 129) zur Wehr setzt, sich für den Weg ins Alleinsein entscheidet.

Nach der Abfahrt der ›Pauline‹ überfällt Gregor Erschöpfung, und er schläft bis fünf Uhr morgens. Nach einer halben Stunde Rückmarsch breitet sich die »nüchterne Helligkeit« eines ›grauen Lichts‹ aus (S. 162). Im Grau des Morgens haben die Türme von Rerik ihren bedrohlichen Charakter eingebüßt. Gregor geht in dieser Atmosphäre ganz auf. Das graue Licht besitzt für ihn eine Qualität, die zur Maxime seines neuen Lebens wird. »Das graue Morgenlicht erfüllte die Welt, das nüchterne, farblose Morgenlicht zeigte die Gegenstände ohne Schatten und Farben, es zeigte sie beinahe so, wie sie wirklich waren, rein und zur Prüfung bereit. Alles muß neu geprüft werden, überlegte Gregor.« (S. 163) Diese Haltung Gregors nimmt die Position auf, die Alfred Andersch in seinem Essay *Deutsche Literatur in der Entscheidung* 1948 den jungen Schriftstellern seiner Generation anempfohlen hatte. Er hatte dort vom »Zwang zur kritischen Untersuchung aller Wertsysteme« (GW 8, S. 215) gesprochen, der es notwendig mache, in Form eines ›temporären Nihilismus‹ alle vorgegebenen Werte außer Kraft zu setzen. Nur aus diesem »Gefühl einer völligen Voraussetzungslosigkeit« (GW 8, S. 211) könne eine neue Kunst ohne Muster und Vorbilder und »der Mensch selbst als Träger einer absoluten Freiheit« (GW 8, S. 216) hervorgehen.

2 Helanders Träume, sein Hader mit Gott und sein Tod

Das vorletzte Kapitel des Romans (S. 167–176) ist nur mit ›Helander‹ überschrieben und bleibt auch dessen Perspektive treu, wenngleich sowohl Gregor als auch Helanders Haushälterin und am Ende vier der Anderen darin auftreten. Zeitlich ist es in zwei Abschnitte unterteilt. Der erste spielt um vier Uhr nachts, als Helander von einem seiner immer wiederkehrenden Träume erwacht. Im Mittelpunkt dieses Abschnitts stehen seine Reflexionen über die beiden Träume, die ihn verfolgen (S. 167–170). Der zweite Abschnitt spielt ab sechs Uhr morgens (S. 170–176). Helander hat nach Tabletteneinnahme zwei Stunden traumlos geschlafen. Vom Fenster aus sieht er Gregor, der sein an der Kirchenwand abgestelltes Fahrrad holt und ihm signalisiert, dass die Aktion gelungen ist. Helander entnimmt seinem Schreibtisch eine Pistole und wartet auf das Eintreffen der Anderen. In dieser Zeit denkt er über Gott nach. Es folgt die Konfrontation mit den Anderen, schließlich sein Tod.

Gemeinsamer Nenner der Träume Helanders ist ihre Hoffnungs- und Trostlosigkeit. Der manifeste Trauminhalt wird wie folgt wiedergegeben: Im ersten sieht Helander sich selbst

> in einem öden kleinen Hotel […], in einem Zimmer mit abblätternden Tapeten im obersten Stock, dort hatte er gewohnt und, als er die schmutzigen Vorhänge aufzog, ein Stockwerk tiefer die Frau gesehen, die, indem sie sich gerade noch mit einer Hand am Balkongeländer festhielt, lautlos und starr über dem Abgrund der Straße gehangen hatte, indes von unten eine Gruppe Menschen zu ihr emporblickte, ebenso lautlos wie die Selbstmörderin, aber die Augen voll höhnischer Neugier. (S. 167)

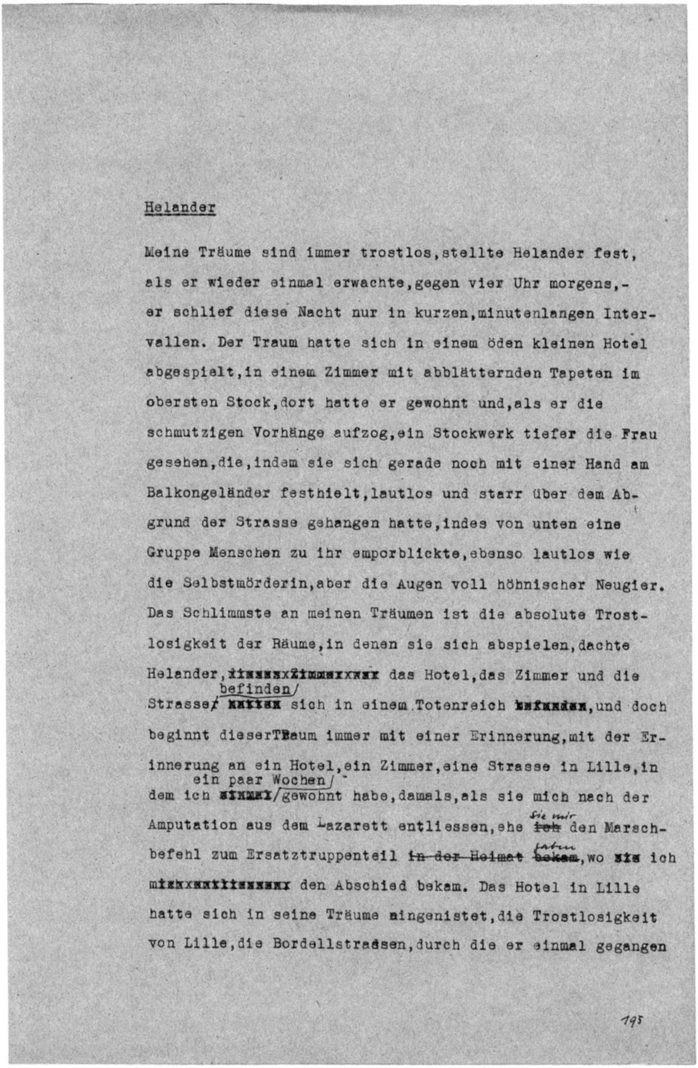

<u>Helander</u>

Meine Träume sind immer trostlos,stellte Helander fest,
als er wieder einmal erwachte,gegen vier Uhr morgens,-
er schlief diese Nacht nur in kurzen,minutenlangen Inter-
vallen. Der Traum hatte sich in einem öden kleinen Hotel
abgespielt,in einem Zimmer mit abblätternden Tapeten im
obersten Stock,dort hatte er gewohnt und,als er die
schmutzigen Vorhänge aufzog,ein Stockwerk tiefer die Frau
gesehen,die,indem sie sich gerade noch mit einer Hand am
Balkongeländer festhielt,lautlos und starr über dem Ab-
grund der Strasse gehangen hatte,indes von unten eine
Gruppe Menschen zu ihr emporblickte,ebenso lautlos wie
die Selbstmörderin,aber die Augen voll höhnischer Neugier.
Das Schlimmste an meinen Träumen ist die absolute Trost-
losigkeit der Räume,in denen sie sich abspielen,dachte
Helander,xxxxxxxxxxxxxxxxx das Hotel,das Zimmer und die
Strasse/ befinden/ xxxxxx sich in einem Totenreich xxxxxxxx,und doch
beginnt dieserTRaum immer mit einer Erinnerung,mit der Er-
innerung an ein Hotel,ein Zimmer,eine Strasse in Lille,in
dem ich xxxxxx/ ein paar Wochen/gewohnt habe,damals,als sie mich nach der
Amputation aus dem Lazarett entliessen,ehe ~~ich~~ sie mir den Marsch-
befehl zum Ersatztruppenteil ~~in der Heimat~~ ~~bekam~~ gaben,wo xxx ich
xxxxxxxxxxxxxxx den Abschied bekam. Das Hotel in Lille
hatte sich in seine Träume eingenistet,die Trostlosigkeit
von Lille,die Bordellstrassen,durch die er einmal gegangen

195

Seite 195 des Typoskripts von »Sansibar oder der letzte Grund« mit dem Hotel-Traum am Anfang des letzten Helander-Kapitels (Deutsches Literaturarchiv Marbach).

Der zweite Traum ist der »von der Schaukel in Norwegen. Er saß in einer riesigen Schaukel, die irgendwo in den Wolken über einem Fjord angebracht war, er blickte auf eine dunkle Landschaft aus Gebirgen und Meer und in den Fjord hinab, und die Schaukel begann zu schwingen, hin und her, hin und her« (S. 168).

Helander hat sich selbst eingehend mit der Deutung dieser Träume befasst. Wir erfahren von ihm, dass er »monatelang die Schriften Freuds studiert [habe], um eine Erklärung für seine Träume zu finden« (S. 169), wobei hier vor allem an eine Beschäftigung mit Sigmund Freuds erstmals 1900 erschienener *Traumdeutung* zu denken ist. Zwar hat Helander im Zuge dieser Lektüre die Überzeugung gewonnen, dass Freud »in der Tat die Geheimnisse im Vorhof der Seele gelöst hatte«, aber die Erkenntnis, seine »Träume waren Symbole unterdrückter Triebe, Bilder von Liebe und Tod«, hilft in ihrer Allgemeinheit nicht wirklich weiter. Die Rückführung der Traumarbeit auf Liebe und Tod beziehungsweise – mit Freuds psychoanalytischen Begriffen – auf Eros und Thanatos liefert keinen Schlüssel für den manifesten Trauminhalt von Helanders beiden Träumen. Er konstatiert selbst, dass Freud ihm »keine Erklärung für die Stimmung seiner Träume« bieten kann, »die ihn in eine Welt aus Ödnis, Schmutz, Dämmerung, Kälte und Hoffnungslosigkeit einschloß und zuletzt in eine furchtbare Leere« (S. 169).

Immerhin leitet Helander aus der beiden Träumen gemeinsamen Stimmung der Trostlosigkeit intuitiv doch eine spezifischere Charakterisierung ab, indem er das räumliche Umfeld beider Trauminhalte mit einem Totenreich identifiziert: »das Hotel, das Zimmer und die Straße befinden sich in einem Totenreich« (S. 167); und: »Auch die Schaukel schwang in einem Norwegen, das ein Totenreich war.« (S. 168) Helander treibt die Identifizierung des ›eigentlichen‹ Schauplatzes seiner Träume sogar noch einen Schritt weiter. Er erinnert sich, »daß er sogar noch im Traum selbst den Gedanken vollzog: wenn es eine Hölle gibt, so muß dies die Hölle sein« (S. 169). Die Höllenhaftigkeit seiner Traumwelten wird von Helander aufgrund ihrer Erlösungsbedürftigkeit zugleich als Gottesbeweis umgedeutet. Das ist zunächst eine rein willkürliche Interpretation. Sie stimmt höchstens dann, wenn man sie gegen den Strich bürstet.

Schauen wir uns die beiden Träume noch einmal näher an. Sie besitzen die gleiche räumliche Struktur. In beiden sind die einzelnen Elemente des Trauminhalts auf einer vertikalen Achse organisiert. Im Hotel-Traum befindet sich das Ich oben (im obersten Stockwerk) und blickt von dort aus in den »Abgrund der Straße« (S. 167). In der Mitte dieser vertikalen Achse befindet sich die Selbstmörderin. Im Schaukel-Traum ist das Modell noch einmal reduziert. Hier schwebt das Ich unterhalb der Wolken und blickt »in den Fjord hinab« (S. 168), also gleichfalls in einen Abgrund zwischen den Gebirgszügen einer dunklen Landschaft. Auffällig an der Schilderung beider Träume ist ihre Lautlosigkeit und Starre. Im Hotel-Traum, so kurz er ist, wird die Lautlosigkeit zweimal und ebenso die Starrheit explizit genannt. Es handelt sich ja im strengen Sinn gar nicht um einen Traum, sondern um ein Traumbild. Das Hotelzimmer liefert nur das öde Ambiente, aus dem heraus nach dem Wegziehen des Vorhangs wie im Theater der Blick auf eine gleichsam eingefrorene (Bühnen-)Szene fällt, so, als ob der Teufel aus dem *Doktor Faustus* (vgl. S. 90 f. dieses Bands) in dieser Hölle unsichtbar seinen Eishauch verströmt hat. Das Gleiche gilt für den anderen Traum. Auch in ihm gibt es keine wirkliche Traumhandlung. Die Bewegung, die in ihm stattfindet, ist sozusagen eine optische Täuschung. Das Schaukeln – »hin und her, hin und her« – ist nichts als maskierte Starrheit, ein Pendeln um einen toten Punkt. Auch dieses

Schaukeln hat man sich in einem schalltoten Raum vorzustellen. Diese Eigenschaft des Raums wird von Helander an anderer Stelle als Indiz für die Abwesenheit Gottes gedeutet (vgl. S. 110). Die Träume sind also Bilder gottverlassener Welten, sie sind Bilder, die deutlich machen, dass die Hölle Besitz von einer von Gott im Stich gelassenen Welt ergriffen hat, denn die Hölle – das sind die Anderen. Wütend denkt Helander, dass Gott »sich in Honolulu oder auf dem Orion befindet« (S. 171), und weiter: »Gott war ein Spieler, der das Reich den Anderen überließ« (S. 173). Die Anderen haben das Diesseits, die Welt in eine starre und trostlose, stumme und frostige Hölle verwandelt. Deswegen führt auch sein Entschluss, gegen die Anderen von der Waffe Gebrauch zu machen, zur Aufsprengung des eingefrorenen Totenreichs. Helander

> hob langsam die Pistole, die Wand der Kirche im Rücken. / Und dann war auf einmal der Traum von heute nacht wieder da, das Hotelzimmer in Lille und die Selbstmörderin, der Traum in seiner ganzen Absurdität und vollkommenen Trostlosigkeit, und plötzlich wußte der Pfarrer, warum er sich entschlossen hatte, zu schießen. Er hatte sich entschlossen, zu schießen, weil die Salve aus seiner Trommelpistole die Starre und Trostlosigkeit der Welt durchbrechen würde. In den Feuerstößen aus seiner Pistole würde die Welt für die Dauer von Sekundenbruchteilen lebendig werden. (S. 175 f.)

Von dieser Szene aus lässt sich den Traumbildern eine weitere Bedeutungsebene abgewinnen. Die Beschreibungen des äußeren Verfalls (ödes Hotel, abblätternde Tapeten, schmutzige Vorhänge) und die atmosphärischen Stimmungswerte (lautlos, starr, trostlos) konvergieren im Begriff der Leblosigkeit. Was in diesem Totenreich kein Existenzrecht hat, ist notwendigerweise das Leben. Es liegt daher nahe, in der Selbstmörderin eine Allegorie des Lebens (und damit der Liebe) zu sehen. Das Leben, könnte man pointiert sagen, hat in diesem Traumbild auch allen Grund, sich zu töten. Es besitzt nämlich durchaus einen manifesten sozialen Gehalt. Es zeigt in geradezu dramatischer Überschärfe eine Situation der sozialen Isolation und des absoluten Ausgestoßenseins. Hierin erinnert die Frau, das Leben, an die Christusvorstellung von Karl Barth, der Christus durch das existenzielle ›Draußensein‹ definiert hatte. Auf der vertikalen Achse ist festzustellen, dass Helander oben in der Haltung des bloßen Beobachters verharrt, er macht keine Anstalten, irgendeine Form von Aktivität zu entfalten, geschweige denn Hilfe zu leisten, er ist gleichsam abwesend anwesend. Die Menschen unten nehmen durchaus Anteil am Geschehen, aber in der denkbar negativsten Form. Sie sind von »höhnischer Neugier« erfüllt, für sie ist der Selbstmord des Lebens ein triumphal erwartetes Spektakel. Sie nämlich sind die Anderen, die in der Hölle leben, weil sie selber die Hölle sind, oder besser gesagt: die die Welt zur Hölle gemacht haben, weil sie schon im Diesseits tot sind und mit ihrem Sieg die Welt in ein Totenreich verwandelt haben.

Das zweite Traumbild ist quasi die Abstraktion des ersten. Es nimmt das Motiv der absoluten Isolation auf und steigert es in seiner Raummetaphorik noch einmal, indem es das Ich frei schwebend zwischen Himmel und Abgrund platziert. Das Schaukeln erlaubt noch eine weiter gehende Überlegung: Das Spielerische, das ihm eignet, legt den Gedanken nahe, dass es gar nicht Helander ist, der auf der Schaukel sitzt, sondern Gott, der Spieler. Es könnte der gänzlich isolierte und seiner Schöpfung gegenüber teilnahmslose ferne Gott sein. Und auch im Hotel-Traumbild könnte man in dem vom ›obersten Stock‹ herabschauenden teilnahmslosen Beobachter vielleicht Gott selbst vermuten.

Wenn man Gott und Helander so nahe aneinanderrückt, ist es nur konsequent, die These aufzustellen, dass überhaupt erst Helanders die Starre, Trost- und Lautlosigkeit aufbrechende Salve Gott in die Existenz zurückreißt, ihn recht eigentlich erst neu erschafft. Dafür spricht meines Erachtens auch Helanders Name. Die Assonanz an das Wort ›Heiland‹ liegt auf der Hand, und Helanders Handlung am Ende trägt denn auch die Züge eines Erlösung bringenden Selbstopfers. Sein Schuss sprengt die Totenstille des Totenreichs auf, ist ein Zeichen des Lebens, dem die Schrift auf der Wand respondiert. Die ›Salve‹ macht Helander zum Salvator, zum Heiland. Im Moment der Selbsterlösung erhält Helander das göttliche Zeichen. »Herrgott, erinnerte er sich plötzlich, die Schrift! Jetzt muß sie doch erscheinen, die Schrift auf der Wand meiner Kirche. Die Schrift, auf die ich mein Leben lang gewartet habe. Er wandte sich um und blickte auf die Wand, und während er die Schrift las, spürte er kaum, wie das Feuer in ihn eindrang, er dachte nur, ich bin lebendig« (S. 176). Helander gibt nach dem Gebrauch der Waffe seinem Entschluss zu schießen eine neue Deutung. Hatte er ihn zuerst aus seinem wütenden »Aufstand gegen Gott« abgeleitet, der seinen Höhepunkt darin finden sollte, dass »man einen Gott, der den Seinen nicht beistand, züchtigen mußte« (S. 174), so glaubt er zuletzt, Gottes Willen zu vollstrecken. »Wie dumm von mir, dachte der Pfarrer, zu denken, ich schösse, um Gott zu züchtigen. Gott läßt mich schießen, weil er das Leben liebt.« (S. 176)

Man sollte gegenüber dieser Korrektur von Helanders Ursachenforschung allerdings Skepsis bewahren. Ich würde Helanders Deutung die These entgegenstellen, dass überhaupt erst sein Schuss die Existenz Gottes statuiert.

Eventuell steckt im Namen Helander noch eine andere Komponente. Andersch hat immer eine starke Neigung zum Norden empfunden. Entsprechend finden sich bei ihm mehrfach Anspielungen auf die nordische Mythologie, vielleicht mehr als auf die klassische. ›Hel‹ ist der Name der germanischen Totengöttin beziehungsweise des Totenreichs überhaupt. Etymologisch ist daraus das Wort Hölle hervorgegangen. Daher wäre denkbar, Helander als den zu verstehen, der im Vergleich zu ›Hel‹ das ›Andere‹ repräsentiert. Helander wäre dann in doppelter Negation ›der Andere der Anderen‹, Statthalter des Lebens inmitten der Hölle.

Aus Helanders Perspektive nimmt auch Gregor religiöse Züge an. Helander stellt eine Verwandtschaft in ihrer Entwicklung fest, als er Gregor beobachtet und über ihn nachdenkt:

> Nach einer Weile sah er den Mann, der sich Gregor nannte, an den Häusern entlang kommen. Der junge Mensch benimmt sich wunderbar unauffällig, dachte Helander, wenn ich nicht wüßte, welche Bedeutung er hat, würde er mir nicht auffallen, nicht einmal in dieser Stadt, die so klein ist, daß jeder auf jeden aufpaßt und jeder, der neu ist, von tausend Augen registriert wird. Der hier ist nicht neu, er ist irgendwer, ein magerer, unauffälliger Mensch in einem grauen Allerweltsanzug mit Fahrradklammern an den Hosen, ein Aushilfsbote von der Post oder der Sohn eines Installateurmeisters, der schon morgens raus mußte, um eine Wasserleitung zu flicken, so also sehen in unserer Zeit die Boten und die Söhne aus, die Boten der Rettung und die Söhne der Ideen: man kann sie nicht unterscheiden. Man konnte sie nicht erkennen, außer in ihren Handlungen. Sie sind keine Persönlichkeiten, dachte Helander, sie haben den Ehrgeiz, das Richtige zu tun und nicht aufzufallen. (S. 170 f.)

Der Vergleich mit einem Boten rückt Gregor in die Nähe eines Engels. Dies geschieht insofern nicht ohne Grund, als er im

Verlauf der Handlung besonders Judith gegenüber die Rolle eines Schutzengels gespielt hat, nicht allein im Sinne der Fluchthilfe, sondern vielleicht noch mehr durch sein entschlossenes Eingreifen im ›Wappen von Wismar‹.

Helander forscht nach den Motiven für Gregors ›richtiges Handeln‹ und fragt sich, was ihn antreibt. Der Pfarrer

> gab sich selbst die Antwort: Das Nichts treibt ihn an, das Bewußtsein, in einem Nichts zu leben, und der wilde Aufstand gegen das leere, kalte Nichts, der wütende Versuch, die Tatsache des Nichts, dessen Bestätigung die Anderen sind, wenigstens für Augenblicke aufzuheben. / Ich [...] glaube an die Ferne Gottes, aber nicht an das Nichts, und deshalb [...] unterscheiden [wir] uns voneinander, dieser Mensch, der sich Gregor nennt, und ich: er ist zum Nichts verurteilt und ich zum Tode. (S. 171)

Helanders Reflexionen betonen zwar die Differenz zwischen Gregor und ihm, zeigen aber auch beider Nähe. Im Übrigen hatte Andersch bereits in den *Kirschen der Freiheit* die Unterscheidung, an der Helander hier festhält, quasi durch eine dialektische Denkbewegung aufgehoben. Dort heißt es:

> Ich weiß nicht genau, ob es Gott gibt. Aber es scheint mir ziemlich absurd, anzunehmen, es gäbe ihn nicht. Gäbe es ihn nicht, so wäre an seiner Stelle das Nichts. Man stelle sich vor: das Nichts. Es wäre ein genauso großes Heiliges wie Gott. Es wäre so ungeheuer und so ungeheuer verpflichtend wie Gott. Gott würde in das Nichts eintreten und es göttlich machen. Das Nichts wäre Gott. (GW 5, S. 403)

V Literaturgeschichtliche Einordnung

Das geistig-kulturelle Klima der 1950er-Jahre wird im Allgemeinen mit dem Begriff der Restauration belegt. Gemeint ist damit das Wiedererstarken von Ordnungspolitik, autoritären Strukturen, Freund-Feind-Denken, Stigmatisierung von allem Unangepassten, kurzum die Tendenz zu einer mentalitätsgeschichtlich eher ›geschlossenen Gesellschaft‹, für deren Klima der CDU-Werbe-Slogan ›Keine Experimente‹ von 1957 als exemplarisch gelten kann. Der restaurative Konsens der jungen BRD dokumentierte sich in der breiten Zustimmung, die die Regierung von Konrad Adenauer mit 45,2 (1953) und 50,2 Prozent (1957) der Wählerstimmen fand. Die seit 1949 bestehende deutsche Zweistaatlichkeit bot für die Ausbildung von Lagermentalitäten in West und Ost ›beste‹ Voraussetzungen. Die ideologische Verhärtung wurde von globalen Faktoren wie dem von 1950 bis 1953 erbittert geführten Korea-Krieg, einem der ersten Stellvertreterkriege zwischen den USA und der Sowjetunion, begünstigt. Die Verschärfung des Kalten Kriegs führte zur Remilitarisierung Deutschlands, die in der Aufnahme der BRD in die NATO am 9. Mai und der DDR in den Warschauer Pakt am 14. Mai 1955 ihren Ausdruck fand.

Die ideologische Auseinandersetzung wurde von innerdeutschen Ereignissen munitioniert. Der Volksaufstand in der DDR am 17. Juni 1953, der von sowjetischen Panzern blutig niedergeschlagen wurde, lieferte den Beweis für die Existenz einer rücksichtslosen Parteidiktatur, die ihre Direktiven aus Moskau erhielt. Die im selben Jahr erfolgte Berufung von Hans Globke, der 1936 Kommentator der Nürnberger Rassengesetze gewesen war, durch Konrad Adenauer ins Amt eines

Staatssekretärs im Bundeskanzleramt dokumentierte umgekehrt, wie sehr der Geist demokratischer Erneuerung dem Rückgriff auf politische Kräfte gewichen war, deren Hauptqualifikation ein unbezweifelbarer Antikommunismus war. Diese Orientierung führte auch am 17. August 1956 zum Verbot der KPD, die allerdings nichts anderes als ein verlängerter Arm der sowjetischen KPdSU und als solche durch und durch stalinistisch war. An den diktatorischen Herrschaftsstrukturen der Sowjetunion hatte sich auch nach Stalins Tod am 5. März 1953 wenig geändert. Das wurde deutlich, als Truppen der Warschauer-Pakt-Staaten am 4. November 1956 in Ungarn einmarschierten und die Regierung von Imre Nagy, die drei Tage zuvor die Neutralität Ungarns erklärt hatte, stürzten.

In dieser Atmosphäre konnte eine intellektuelle Position wie die von Andersch nur eine Außenseiterstimme darstellen. In seinem Essay *Deutsche Literatur in der Entscheidung* von 1948 hatte er die Zukunft eines vereinten Deutschland im Ringen »um eine sozialistische Synthese von Freiheit und sozialer Gerechtigkeit« gesehen und es als Aufgabe der Intellektuellen bezeichnet, »aus dem Geist der unerbittlichen Selbstkritik« nach Freiheit zu streben (GW 8, S. 214). Dieser Essay stellt einen der frühesten Versuche zu einer Bestimmung der literaturgeschichtlichen Ausgangssituation der deutschen Schriftsteller nach dem Zweiten Weltkrieg dar. Er war ursprünglich für die Startnummer des *Skorpion* vorgesehen, einer von Hans Werner Richter geplanten Nachfolgezeitschrift des *Ruf*, die jedoch von der amerikanischen Besatzungsmacht keine Lizenz erhielt. Andersch untersucht in seiner soziologischen Studie die Literatur der Inneren Emigration und des Exils, um so »die gesellschaftliche Lage des deutschen Intellektuellen zu erörtern, die historische und die metaphysische Position, in die er gestellt ist, und von der aus er seine Entscheidung treffen muss« (GW 8, S. 191). Im Abschnitt über die

Literatur der Inneren Emigration porträtiert er die älteren Autoren wie Gerhart Hauptmann, Ricarda Huch oder Rudolf Alexander Schröder, die sich in nobler Distanz zum System gehalten hätten, ohne zu ihm Stellung zu nehmen, weiterhin die Gruppe der ›Kalligraphen‹, die den Weg des Eskapismus eingeschlagen hätten wie Horst Lange, Martin Raschke oder Hans Leip. Ernst Jünger gilt Andersch mit seinem 1939 erschienenen Roman *Auf den Marmorklippen* als Exempel für den Übergang zu einer zwar chiffrierten, aber entschieden systemkritischen Haltung. In der Literatur des Exils unterscheidet Andersch zwischen der realistischen Tendenzkunst von Heinrich Mann, Arnold Zweig und Franz Werfel, der Zeitsatire, die aber durch die wachsende Entfremdung von den deutschen Verhältnissen stumpf geworden sei, und dem proletarischen Realismus eines Willi Bredel oder einer Anna Seghers, der ob seiner dogmatischen Bindung die »Gefahr der Trockenheit« (GW 8, S. 209) berge. Der produktivste Anknüpfungspunkt ist aus Anderschs Perspektive das Werk von Brecht, in dem sich die Zeichen des Zeitgeistes, grausame Nüchternheit, magischer Sinn und Engagement, vermengen. Andersch empfiehlt den jungen Autoren schließlich eine künstlerische Formsuche auf der Grundlage eines ›temporären Nihilismus‹, der die ›kritische Untersuchung aller Wertsysteme‹ mit Nüchternheit und Leidenschaft betreibt.

Es ist bezeichnend, dass Andersch in diesem Text neben Brecht nur zwei Autoren mit eigenen Abschnitten bedenkt, nämlich Thomas Mann und Ernst Jünger. Thomas Mann (1875–1955) besaß für Anderschs (nicht nur) ästhetische Orientierung immer schon einen besonderen Stellenwert. Das kann man unter anderem an seiner »bei Thomas Mann gelernten Technik leitmotivischer Einbettung in ein dichtes Netz semantischer Bezüge« erkennen (Wehdeking, S. 87). Thomas Mann war für Andersch aber auch ein Vorbild hinsichtlich der gesellschaftlichen Reputation. In der biographischen Skizze über seinen Freund Andersch erinnert Hans Werner Richter an eine Szene aus dem Juli 1946: »Einmal, [...] wir gaben beide noch den ›Ruf‹ heraus, sagte er in einem größeren Kreis von Mitarbeitern und Freunden, er würde Thomas Mann nicht nur erreichen, sondern auch überflügeln, und das sei sein Ziel, berühmter zu werden als Thomas Mann.« (Richter, S. 29) Im Werk von Thomas Mann sah Andersch auf eine geradezu idealtypische Weise die Einheit von Künstlertum und politischem Verantwortungsgefühl verkörpert, wie er etwa in seinem 1950 entstandenen Essay *Thomas Mann als Politiker* schrieb. Gegenüber Arno Schmidt bekannte er in einem Brief vom 2. Oktober 1955, dass er Thomas Mann »wirklich für den bedeutendsten Künstler des Westens in deutscher Sprache« (Schmidt-Andersch, S. 43) halte.

Mit dem Namen Ernst Jünger (1895–1998) war Andersch in den politischen Debatten am Ende der Weimarer Republik konfrontiert worden. Er zählte zu den Kronzeugen der nationalrevolutionären Gegner der Republik. Die bald nach der nationalsozialistischen Machtübernahme von Jünger erscheinenden *Blätter und Steine* und die Neufassung von *Das abenteuerliche Herz* empfand der junge Andersch dann als ästhetische Sensationen. Er begegnete hier einem Stil von äußerster Präzision und Luzidität, einem ästhetischen Gestaltungsprinzip, das er später in die Nähe der ›pittura metafisica‹ von Giorgio de Chirico und René Magritte rückte. Diese Ästhetik vereint höchste sinnliche Konkretheit mit der Erzeugung einer übersinnlichen Aura. Von entscheidender Bedeutung ist, dass Andersch dem Werk von Jünger seit *Das abenteuerliche Herz*, das er »das einzige Buch des Surrealismus in Deutschland« nannte (GW 10, S. 421), rückblickend eine Qualität zuschreibt, die im Zentrum seiner eigenen Ästhetik steht. Diese Qualität ist seine ›magische Deskription‹.

Wenn Andersch also an Jüngers Stil die Kombination genauester Beschreibung (Deskription) mit einem übersinnlichen Effekt (Magie) diagnostiziert, parallelisiert er ihn mit Autoren wie Ernest Hemingway (1899–1961) oder Elio Vittorini (1908–1966), die ihm in der Nachkriegszeit als Beispiele eines zeitgemäßen Realismus galten.

Hinzu kommt noch ein zweiter Aspekt. Ernst Jüngers Roman *Auf den Marmorklippen* (1939) las und bewunderte Andersch als klandestine, das heißt heimliche Kritik am Dritten Reich, als »Parabel der Notwendigkeit von Widerstand« (GW 10, S. 410). Nicht zu unterschätzen ist auch der Umstand, dass sich Andersch in geistiger Wahlverwandtschaft mit Jünger wähnte, weil auch dieser es für ein Versäumnis gehalten hat, 1933 nicht den Bürgerkrieg zu entfesseln.

Für Anderschs literarische Standortbestimmung waren in hohem Maße auch immer Autoren aus dem nicht-deutschen Sprachraum wichtig. Hier ist in erster Linie die moderne amerikanische Literatur zu nennen. Die intensive Beschäftigung mit den Werken von Autoren wie Ernest Hemingway, William Faulkner, John Steinbeck oder Thornton Wilder noch in der Gefangenschaft führte Andersch zu einem emphatischen Bekenntnis zu dem von ihnen praktizierten realistischen Stil. Im Aufsatz *Die neuen Dichter Amerikas* vom Juni 1945 schrieb er ausgehend von Hemingways *A Farewell to Arms* (1929):

> D[as] Buch […] ist realistisch, mit asketischer Härte gibt es nur Tatsachen, verzichtet auf Deutung, auf das Reden über die Dinge. Aber merkwürdig ist es, wie gerade in dieser Sparsamkeit die Magie der Welt sichtbar wird. Der Realismus bleibt, aber er verschafft sich den Zugang in die Zone, in der deutlich wird, dass die Dinge nur Hieroglyphen der Schrift sind, mit denen sich der große uralte Zauber in die Wirklichkeit schreibt. (Zitiert nach Nullpunkt, S. 89)

Anlässlich von Hemingways 50. Geburtstag verfasste Andersch 1948 den Aufsatz ›*The real thing*‹, in dem er bekennt, dass er »Hemingway für den bei weitem wichtigsten und gerade für uns in Deutschland bedeutungsvollsten Schriftsteller des Auslandes« halte (GW 8, S. 170). Hemingways Stil charakterisiert Andersch hier als ›brutalen Realismus‹, »der sich von jeder gesellschaftlichen und religiösen Bindung gelöst hat« (GW 8, S. 171). Andersch verteidigt Hemingway energisch gegen den Vorwurf des Nihilismus. Wenn er den Menschen »in der Zone der Gefahr«, gar »in der Nachbarschaft des Todes« zeige, geschehe dies, weil ein ehrlicher Schriftsteller wisse, dass man ihr »in unserer Zeit nicht ausweichen kann« (GW 8, S. 172). Hemingway suche den Menschen dort auf, »wo seine ganze Existenz sich stellen muß«. Die aus allen Bindungen entlassenen Menschen Hemingways seien »aber in Wahrheit frei« und »zeigen uns die Möglichkeit zu einer echten Selbstverwirklichung des Menschen in einer absurden Welt« (GW 8, S. 173). In dieser metaphysischen Dimension sieht Andersch die Überschreitung eines quasi naturalistischen Realismus. Das einzelne ›real thing‹, um das es Hemingway gehe, weise zugleich aufs ›Ganze der Welt‹. In der Debatte um den ›richtigen‹ Realismus, wie sie im Kontext der Kahlschlagliteratur geführt wurde, bezieht Andersch damit eine Position, die mit der von Hans Werner Richter übereinstimmt, der 1946 im *Ruf* für die Verbindung von nüchterner Sprache und Dämonie plädiert hatte.

Die in den Zitaten oben vorkommenden Begriffe wie ›Freiheit‹, ›Existenz‹ und ›Absurdität‹ dokumentieren, dass Anderschs Verständnis von Literatur 1948 eine wesentliche Modifikation durch die Begegnung mit dem französischen Existentialismus erfahren hat. Seine Entdeckung der Schriften von Jean-Paul Sartre (1905–1980), wobei vor allem an dessen Essay *Der Schriftsteller und seine Zeit* (1946) zu denken ist, erfolgte wohl Mitte 1947. Für Andersch bestand in der spezifischen deutschen Nachkriegssituation die Attraktivität des Sartre'schen Existentialismus in »dessen Besinnung auf die menschliche Existenz, der weltanschaulichen Offenheit und dem Appell an die individuelle Entscheidungsfreiheit als Voraussetzung eines Neubeginns« (Koberstein, S. 155). Und so erklärte Andersch 1948 in seinem Essay *Deutsche Literatur in der Entscheidung* – bereits der Titel ist signifikant –, »daß die Zukunft der deutschen Literatur [...] abhängt von der persönlichen Entscheidung der Menschen, die sie machen. Indem wir die Dichtung zur Angelegenheit existentieller Entschlüsse der Dichter machen, erheben wir sie in jenes Reich der Freiheit, in dem allein sie geboren werden kann« (GW 8, S. 191).

Ebenfalls 1948 hat Andersch in der Zeitschrift *Horizont*, in der zehn Wochen später sein Hemingway-Aufsatz erschien, selber eine poetologische Brücke zwischen dem Realismus und dem Existentialismus geschlagen. Zugleich ist der Text ein Zeugnis für Anderschs Gottesvorstellung.

Die existentielle Denkweise erscheint mir nur als ein Hilfsmittel, der deutschen Literatur den Weg zu einem großen Realismus und damit in die Welt zu eröffnen. Sie ist die notwendige Korrektur für eine Anschauung, die im Realismus nur die Bindung an das Materielle sieht, ohne die Freiheit als Realität zu erkennen. Diese (wie ich glaube: von Gott verliehene) existentielle Freiheit, die uns aus dem Reich der Notwendigkeit heraushebt, vermag allein, unseren um die Wahrheit ringenden Dichtern das Bewußtsein ihrer geistigen Möglichkeiten zu vermitteln und damit den Blick für einen Ausweg zu eröffnen.

Alfred Andersch, Nihilismus oder Moralität?
In: Horizont, 3. Jahrgang 1948, Heft 13, S. 9.

Zwar existiert von Andersch ein spätes Gedicht, in dem er bekennt, Sartre sei von allen Schriftstellern »derjenige der mich / am stärksten / bewegt hat« (GW 6, S. 120), aber Anja Koberstein hat nachgewiesen, dass Anderschs Rezeption von Sartres Existentialismus sehr eigenwillig ist. Zum einen hält Andersch, wie an dem Zitat aus *Horizont* klar erkennbar ist, an einer personalen Gottesvorstellung fest, für die es im atheistischen Denken Sartres kein Äquivalent gibt. Zum anderen ist der Mensch bei Sartre per definitionem frei und damit permanent der Verantwortung für sein Handeln unterworfen, während Freiheit für Andersch immer nur eine Augenblickserfahrung sein kann (vgl. Koberstein, S. 216–218). Wenn Andersch in *Deutsche Literatur in der Entscheidung* darauf hinweist, dass es einen glaubenslosen und einen christlichen Existentialismus gebe, wird man nicht fehlgehen, ihn eher an den christlichen heranzurücken. Volker Wehdeking hat diese Verknüpfung von Freiheit, Existentialismus und Christentum zu Recht mit dem von André Malraux herrührenden Begriff der ›atlantischen Kultur‹ identifiziert (vgl. Nullpunkt, S. 96).

Zur amerikanischen Literatur und zum französischen Existentialismus tritt als dritter von Andersch aus dem Ausland aufgenommener Faktor die Ästhetik des italienischen Verismus. Andersch hat ihn in der frühen Nachkriegszeit primär im Medium des Films rezipiert. In den *Kirschen der Freiheit* wird Vittorio de Sicas Film *Fahrraddiebe* von 1948 als »das größte Kunstwerk […] seit dem Ende des Krieges« (GW 5, S. 411) bezeichnet. In den folgenden Jahren tritt dann der neoveristische Roman Elio Vittorinis in den Fokus von Anderschs Interesse. Andersch hat sein Schreiben in der Werkphase von *Sansibar oder der letzte Grund* in den Kontext des italienischen Neorealismus gerückt. Er wollte damit einen Realismus beschreiben, der sich durch größte Präzision und Nüchternheit auszeichnet, ohne dabei auf poetische Gestaltung zu verzichten. In seinem im Dezember 1961 geführten Werkstattgespräch mit Horst Bienek nennt er den Neorealismus »das größte künstlerische Ereignis seit dem Zweiten Weltkrieg« (GW 7, S. 488) und grenzt ihn positiv vom seinerzeit aktuellen *nouveau roman* von Autoren wie Alain Robbe-Grillet oder Nathalie Sarraute ab. Diese aus Frankreich stammende Strömung eines Erzählens ohne fixierbaren erzählerischen Standpunkt erschien als radikale Konsequenz des Verzichts auf eine Wahrheit verbürgende Instanz. Nach den Krisenerfahrungen des 20. Jahrhunderts und im Horizont einer strukturalistischen Erkenntnistheorie, die jedes Bild der Welt als unbeweisbare subjektive Konstruktion verstand, schien ein der Realität verpflichtetes und Realität fingierendes Erzählen obsolet zu sein. Andersch jedoch verteidigt gegenüber Bienek energisch das Festhalten an der Existenz eines subjektiven Erzählers:

> Ich denke gar nicht daran, den klassischen Erzähler abdanken zu lassen. [...] Er ist kein Gott, aber er ist auch nicht gerade ein Dummkopf: er denkt an Menschen, er hat ein Thema, es fällt ihm eine Handlung dazu ein, er lässt sich von einem möglichen Schauplatz gefangennehmen. Doch die Pariser päpstlichen Bullen verbieten es ihm für die Zukunft, und zwar ausdrücklich im Namen der Wahrheit. [...] Im Namen der Wahrheit, die erklärt, weil wir nichts wüssten, hätten wir auch niemals etwas zu wissen, hat er sich selbst zu verleugnen: er hat ein Dummkopf zu sein, dem nichts einfällt, dem es bestenfalls erlaubt wird, die Existenz der Dinge zu konstatieren. Im Namen der Wahrheit hat er die größte aller Lügen auszusprechen: die Lüge, es gäbe ihn überhaupt nicht. Die logische Konsequenz der Leugnung des Erzählers ist die Leugnung des Schriftstellers. Die Negation von Held, Handlung und Thema ist die Negation des Mannes, der schreibt. Es gibt eine uralte

> Übereinkunft zwischen dem Erzähler und seinen Zuhörern; sie besteht darin, dass die Zuhörer wissen, dass es den Erzähler gibt. [...] Noch der einfachste Leser weiß, dass es ihn gibt. Und noch der subtilste Leser weiß, dass es eine letzte und äußerste Realität der Literatur gibt: den Menschen, der schreibt, und den, der liest. (GW 7, S. 487 f.)

Wenn man abschließend danach fragt, welchen Platz Anderschs *Sansibar oder der letzte Grund* im Koordinatensystem der deutschsprachigen Literatur einnimmt, könnte man eine Antwort aus der Binnen- und eine aus der Außenperspektive geben. Die Antwort aus der Binnenperspektive orientiert sich an Anderschs Kommentaren zur zeitgenössischen Literatur, also etwa an seinen positiven, teils enthusiastischen Rezensionen von Romanen der 1950er-Jahre. Dabei fällt auf, dass Andersch in ihrer Stillage so unterschiedliche Autoren wie Heinrich Böll, Wolfgang Koeppen oder Arno Schmidt besonders hervorhebt. Er empfindet sowohl für Bölls zeitkritischen, den christlichen Werten treuen Realismus als auch für Koeppens mythentrunkene assoziative Montage-Technik als auch für Schmidts experimentelle atheistische Privatsprache Sympathie. Daran zeigt sich, dass es Andersch mehr auf die Authentizität eines Werks ankommt als auf die genaue Einhaltung einer bestimmten stilistischen Methode.

Versucht man sein Werk von außen her zu situieren, bildet es stilistisch eine Art Brücke zwischen Böll und Koeppen. Mit Koeppens *Der Tod in Rom* (1954) teilt Anderschs Schreiben das Konstruktivistische. Man erkennt aber auch andere Nachbarschaften. Die existenzielle Dimension und die Vorstellung eines *deus absconditus* erinnern beispielsweise an Jens Rehns *Nichts in Sicht* (1954) und Hans Leberts *Die Wolfshaut* (1960).

VI Rezeption

Anderschs *Sansibar oder der letzte Grund* fand nach seinem Erscheinen eine breite und fast durchweg freundliche Aufnahme. Gegenüber den *Kirschen der Freiheit* wurde vor allem der Zugewinn an erzählerischer Variabilität gewürdigt. In einer der frühesten Besprechungen wertete der Literaturpapst der 1950er-Jahre, Friedrich Sieburg, den Roman als Beleg für die Überwindung der Kahlschlagliteratur und sah in *Sansibar* einen Beitrag zur literarischen ›Aufforstung‹. Sieburg betont aber, dass durch diese Annäherung an die einst verpönte ›Schönschrift‹ die gesellschaftskritische Absicht nicht verloren gegangen sei. Zu Recht konstatiert er, dass der politische Gehalt in ein melancholisches Gewand gehüllt sei. Sieburg kommt zu dem Schluss: »Wenn dies ein Rückzug auf ›Schönschrift‹ ist, so ist es auch ein höchst ehrenvoller Rückzug auf den Menschen ohne Auftrag, auf die Hoffnung, in der geleisteten Kunst einen Sinn zu finden. Ein sehnsüchtiges Langen nach der Erlösung durch das vollkommene Wort durchzieht diesen Roman.« (*Frankfurter Allgemeine Zeitung*, 5. Oktober 1957)

Im krassen Gegensatz zu Sieburgs Lektüre, die durch die Betonung der melancholischen und ästhetischen Elemente den Roman aus der konkreten geschichtlichen Verankerung löst und bis zu einem gewissen Grad damit auch entschärft, liest Anderschs Freund und Kollege Arno Schmidt aus *Sansibar* eine »sachlich unwiderlegbare Anklage gegen Deutschland« und ein »Mißtrauensvotum ersten Ranges« heraus (*Die Andere Zeitung*, 24. Oktober 1957). Schmidt parallelisiert die Romanhandlung aus dem Jahr 1937 mit der Gegenwart und weist darauf hin, dass auch jetzt die KPD wieder verboten sei und jüdische Friedhöfe geschändet würden. Er versteht den Roman daher als aktuelle ›Anleitung zur Flucht‹. Sein Fazit lautet: »Was übrig bleibt, ist Deutschland, das-Land-aus-dem-man-flüchtet.« Schmidts Deutung simplifiziert allerdings den Gehalt des Romans, wenn er auch Helander, Knudsen und den Jungen umstandslos zu Flüchtenden erklärt.

Anders als Schmidt geht Helmut Heißenbüttel, ein Mitglied der Gruppe 47, genau auf die erzählerische Form des Romans ein und sieht in der Zuordnung der einzelnen Kapitel zu bestimmten Personen einen Protest Anderschs gegen die verwerfliche »Abstraktion des Menschlichen«, wie sie sich in der »Vergewaltigung durch Regime und Partei« manifestiere (*Frankfurter Hefte*, 12. Jahrgang 1957, S. 890). Die Passagen des Jungen, in denen sich »das einfache Menschliche, um das es geht«, am reinsten zeige, seien wie »ein Chorus« eingefügt. Heißenbüttel hat auch als Erster den ›Lesenden Klosterschüler‹ explizit als »die Schlüsselfigur des Romans« identifiziert. Er beschreibt das Jahr der Romanhandlung 1937 in seiner historischen Dimension als Zeit der gesellschaftlichen Verödung, in der die Menschen gezwungen sind, die Rollen von Mitläufern, Opfern oder Opponenten einzunehmen, als »Zeit, in der das nationalsozialistische Regime sich anschickt, alle oppositionellen Kräfte auszulöschen« (S. 889). Die Qualität von Anderschs Roman leitet er aber von der Überschreitung dieses Datums ab. »Indem die Hintergründe aufgedeckt werden, hebt sich die Geschichte von der Aktion Gregors aus dem begrenzten Rahmen, in dem sie spielt, heraus und wird zur Schilderung beispielhaften Verhaltens. […] Hier liegt die große schriftstellerische Leistung des Romans.« (S. 890)

In dieselbe Richtung argumentiert der Rezensent in *Westermanns Monatsheften*: »Die bis zur letzten Seite packende Geschichte ist […] ein kunstvoll durchdachtes Variationswerk um das Generalthema der Zeit, um die individuelle Freiheit und um das Recht und die Pflicht zur freiheitlichen Selbstentscheidung an der Grenze der Existenz.« (1958, Heft 10, S. 84)

Neuerscheinung

Alfred Andersch

Sansibar oder der letzte Grund / Roman

Neu unter den «Romanen der Gegenwart». 212 Seiten. Format 12,2×20,5 cm. Mehrfarbiger Schutzumschlag. Leinen 13.50.

Der Autor. Alfred Andersch, geboren 1914; Gymnasium; Buchhändlerlehre; mit achtzehn Jahren Kommunist, inhaftiert in Dachau; Angestellter in der Industrie, Deserteur an der Italien-Front 1944, Kriegsgefangener in den USA; Redakteur der von den Besatzungsmächten lizenzierten und alsbald verbotenen Zeitung «Der Ruf»; Gründer des Abendstudios am Sender Frankfurt, Leiter des «Radio-Essay» am Süddeutschen Rundfunk, Hörspielautor, Herausgeber der literarischen Zeitschrift «Texte und Zeichen»; Verfasser des Berichtes «Die Kirschen der Freiheit» (Claassen) und der neapolitanischen Suite «Piazza San Gaetano» (Walter).

Das Werk. *Der Ort des Geschehens* ist Deutschland, genauer: Rerik, die kleine Stadt mit dem verlassenen Hafen, mit der Chance zur Flucht und mit den sechs Türmen, ein vergessener Ort, sieben Meilen vor der Freiheit an der Küste der Ostsee. – *Die Zeit:* Ein Nachmittag, ein Abend, eine Nacht und ein grauer Morgen im Spätherbst 1938 und immer. – *Die Personen* sind: Gregor, ein Instrukteur von der verfolgten Partei mit einem Plan zur Flucht. Knudsen, Genosse Knudsen, ein Fischer. Judith, eine junge Jüdin, die fort muß. Helander, der Pfarrer. Ein Mönch aus Holz, von einem Pfeiler der Georgenkirche. Außerdem: die Anderen. Die Leute von Rerik. Matrosen mit einem schwedischen Schiff. Und dann: der Junge, der an Huckleberry Finn denkt und der weiß, daß es irgendwo hinter der offenen See noch Sansibar gibt. – *Das Thema:* Die Menschen und ihre Gefangenschaft in den Systemen; ihr Verhalten in der Depression; ihre Sehnsucht nach Sansibar oder dem erlösten Land der Freiheit; ihre Würde in der Kraft zum Opfer der Entscheidung; und wie sie sich auf eine große Weise hier und jetzt zu bewähren haben. – *Die Form* ist die des Romans, in kurze, dramatische Szenen verdichtet, geschrieben in einer Sprache, die aus der Wirklichkeit lebt, die stets die Wirklichkeit schafft und sie kraftvoll ins Sinnbild verwandelt.

Englische Lizenz-Ausgabe bei Victor Gollancz, London.

Prof. Dr. Walter Muschg: «Ich habe das Buch mit wahrem Entzücken gelesen.»

Bestellschein

Ich bestelle bei der Buchhandlung

____

Andersch, Sansibar oder der letzte Grund. Roman. Leinen 13.50

Name und Adresse: ____________________

Walter-Verlag Olten und Freiburg im Breisgau

Neuerscheinung

Werbeflyer für »Sansibar oder der letzte Grund« als Beilage in der letzten Ausgabe der von Alfred Andersch zwischen 1955 und 1957 herausgegebenen literarischen Zeitschrift »Texte und Zeichen« (aus dem Nachlass von Andersch im Deutschen Literaturarchiv Marbach).

Zur Rezeptionsgeschichte von *Sansibar oder der letzte Grund* könnte man auch die privaten Lektürezeugnisse zählen, die Andersch auf brieflichem Wege erreichten. Es meldeten sich zahlreiche Autoren, etwa Ingeborg Bachmann, Hans Bender, Erich Fried, Wolfgang Hildesheimer oder Gustav Regler. Der wohl spontanste und schönste Brief stammt von Wolfgang Koeppen.

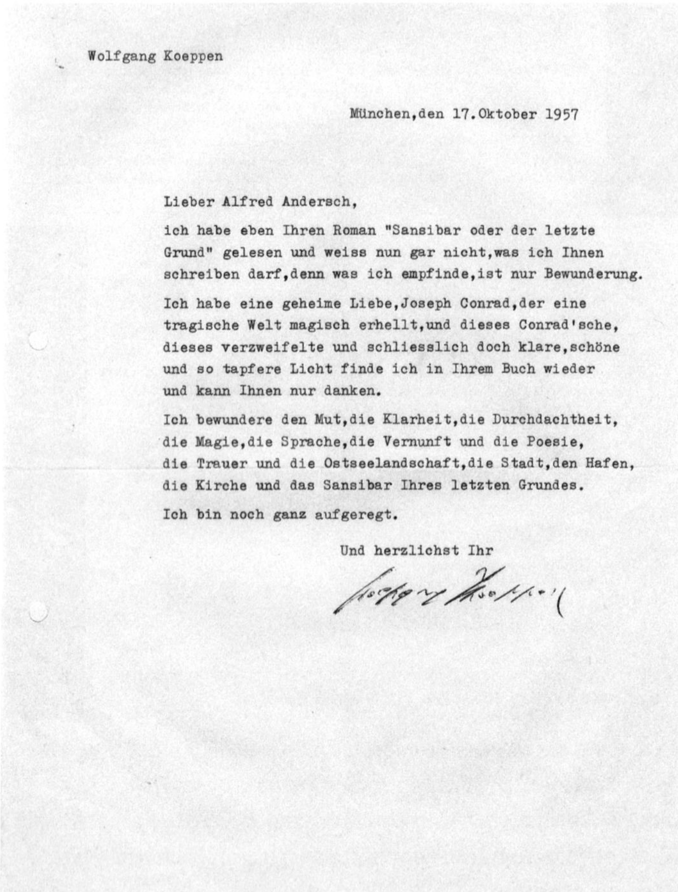

Wolfgang Koeppen

München,den 17.Oktober 1957

Lieber Alfred Andersch,

ich habe eben Ihren Roman "Sansibar oder der letzte Grund" gelesen und weiss nun gar nicht,was ich Ihnen schreiben darf,denn was ich empfinde,ist nur Bewunderung.

Ich habe eine geheime Liebe,Joseph Conrad,der eine tragische Welt magisch erhellt,und dieses Conrad'sche, dieses verzweifelte und schliesslich doch klare,schöne und so tapfere Licht finde ich in Ihrem Buch wieder und kann Ihnen nur danken.

Ich bewundere den Mut,die Klarheit,die Durchdachtheit, die Magie,die Sprache,die Vernunft und die Poesie, die Trauer und die Ostseelandschaft,die Stadt,den Hafen, die Kirche und das Sansibar Ihres letzten Grundes.

Ich bin noch ganz aufgeregt.

Und herzlichst Ihr

Drei Jahre nach der Erstveröffentlichung erschien *Sansibar oder der letzte Grund* im September 1960 erstmals in einer Taschenbuchausgabe in der ›Fischer Bücherei‹. Bereits nach acht Jahren hatte diese Ausgabe das 167. Tausend erreicht. 1970 folgte dann die Taschenbuchausgabe im Diogenes Verlag, zu dem Andersch 1967 mit seinem Roman *Efraim* gewechselt war. *Sansibar oder der letzte Grund* wurde, wie von Andersch schon 1957 in einem Brief an Otto F. Walter prognostiziert (vgl. S. 31 f. dieses Bands), ein Longseller. Die jüngste gebundene Ausgabe von 2008 enthält auch DVD-Versionen der beiden Verfilmungen des Romanstoffs.

Die erste Verfilmung erfolgte schon 1961 auf Grundlage eines Drehbuchs von Leopold Ahlsen, einem seinerzeit erfolgreichen Hörspielautor, und unter der Regie von Rainer Wolffhardt. Sie verleiht der Beziehung von Gregor und Judith größeres Gewicht, indem sie die beiden in zwei zusätzlichen Gesprächssituationen zeigt, einmal vor dem Gang zu St. Georgen in einem Lokal und einmal in einer Hütte am Strand vor dem Treffen mit dem Jungen. Interessant ist, dass man am Schluss eine Tendenz zur Verharmlosung erkennen kann. So eskaliert der Konflikt zwischen Gregor und Knudsen nicht bis zu Tätlichkeiten, und Helanders bewaffneter Widerstand ist gestrichen. Auch ersetzt Knudsens Gebrauch einer Leuchtrakete zur Ablenkung des Polizeiboots den rettenden Zufall des plötzlichen Erlöschens des Suchscheinwerfers.

Die zweite Verfilmung aus dem Jahr 1987 stammt von dem bedeutenden Regisseur Bernhard Wicki. Die westdeutsche Produktion konnte an den Originalschauplätzen an der Ostseeküste realisiert werden, die damals noch in der DDR lagen. Wicki hielt sich zwar treu an die Vorlage, ergänzte die Handlung jedoch mehrfach auf kongeniale Weise: So stellte er dem Eintreffen Gregors in Rerik eine in Berlin spielende Episode voran, mit der sein Film beginnt und die den Zuschauer fast überfallartig mit der ganzen Brutalität des Dritten Reichs konfrontiert. Sie zeigt, wie eine illegale kommunistische Druckerei von der Gestapo ausgehoben wird und der in einer Nische unentdeckt bleibende Gregor hilflos der Misshandlung seiner Genossen zusehen muss. Ferner lässt Wicki in der Szene, in der Judith, Gregor und die schwedische Besatzung im ›Wappen von Wismar‹ sitzen, die Ortsgruppe der NSDAP in einem Hinterzimmer des Gasthauses eine Zusammenkunft abhalten. Die Begegnungen dieses heterogenen Personals dienen Wicki als zusätzliches Spannungselement und Quelle derb-raffinierter Situationskomik. Anders als bei der Verfilmung von 1961 kann man in Wickis Eingriffen eher eine Zuspitzung der dramatischen Situation sehen.

Am 13. April 1994 wurde bei den Schwetzinger Festspielen die Oper *Sansibar* des Dresdner Komponisten Eckehard Mayer nach Motiven des Romans von Alfred Andersch uraufgeführt. Das Libretto schrieb Wolfgang Willaschek.

Zuletzt soll noch einmal Wolfgang Koeppen, der sich nicht zu Unrecht für einen ›geborenen Leser‹ hielt, zu Wort kommen. Er hatte verschiedenen Medien zugesagt, einen Artikel zu Anderschs 65. Geburtstag im Jahr 1979 zu schreiben. Ein paar Tage davor richtete Koeppen einen Brief an den Jubilar und versuchte zu begründen, warum es dazu nicht gekommen war. »Ich habe Alfred Andersch wieder gelesen. Vielleicht ist das der wahre Grund, dass ich gestern nicht über ihn schreiben konnte. Ich war, ich bin entzückt, ich habe mich in Ihrer Welt verfangen.« (Sansibar ist überall, S. 249 f.)

Auswahlbibliographie

Ausgaben des Romans und Werkausgabe

ANDERSCH, ALFRED: Sansibar oder der letzte Grund. Roman. Olten und Freiburg im Breisgau: Walter Verlag 1957.

ANDERSCH, ALFRED: Sansibar oder der letzte Grund. Zürich: Diogenes Verlag 1970, 2004, 2006 (detebe 23601).
(Nach dieser Taschenbuchausgabe wird aus dem Roman zitiert.)

ANDERSCH, ALFRED: Gesammelte Werke in zehn Bänden. Kommentierte Ausgabe. Herausgegeben von DIETER LAMPING. Zürich: Diogenes Verlag 2004 (zitiert als: GW mit Band- und Seitenzahl).

ANDERSCH, ALFRED: Sansibar oder der letzte Grund. Hörbuch. Gelesen von HANS KORTE. Zürich: Diogenes Verlag 2007 (5 CDs).

Gesamtdarstellungen

ARNOLD, HEINZ LUDWIG (Hrsg.): Alfred Andersch. München: Verlag text + kritik 1979 (Heft 61/62).

HEIDELBERGER-LEONARD, IRENE, und VOLKER WEHDEKING (Hrsg.): Alfred Andersch. Perspektiven zu Leben und Werk. Opladen: Westdeutscher Verlag 1994.

HEIDELBERGER-LEONARD, IRENE: Alfred Andersch: Die ästhetische Position als politisches Gewissen. Zu den Wechselbeziehungen zwischen Kunst und Wirklichkeit in den Romanen. Frankfurt am Main u. a.: Peter Lang Verlag 1986 (zitiert als: Heidelberger).

REINHARDT, STEPHAN: Alfred Andersch. Eine Biographie. Zürich: Diogenes Verlag 1990 (zitiert als: Reinhardt).

WEHDEKING, VOLKER: Alfred Andersch. Stuttgart: Verlag J. B. Metzler 1983 (Sammlung Metzler 207) (zitiert als: Wehdeking).

Chronik und Lebenszeugnisse

ANDERSCH, ALFRED: »... einmal wirklich leben.« Ein Tagebuch in Briefen an Hedwig Andersch 1943 bis 1975. Zürich: Diogenes Verlag 1986 (zitiert als: Briefe).

Döring, Jörg, und Rolf Seubert: »Entlassen aus der Wehrmacht: 12. 03. 1941. Grund: ›Jüdischer Mischling‹ – laut Verfügung«. Ein unbekanntes Dokument im Kontext der Andersch-Sebald-Debatte. In: Zeitschrift für Literaturwissenschaft und Linguistik 38 (2008), Heft 151, S. 171–184 (zitiert als: Döring / Seubert).

Korolnik, Marcel, und Annette Korolnik-Andersch: Sansibar ist überall. Alfred Andersch. Seine Welt – in Texten, Bildern, Dokumenten. München: Verlag text + kritik 2008 (zitiert als: Sansibar ist überall).

Rauschenbach, Bernd (Hrsg.): Arno Schmidt: Der Briefwechsel mit Alfred Andersch. Mit einigen Briefen von und an Gisela Andersch, Hans Magnus Enzensberger, Helmut Heißenbüttel und Alice Schmidt. Zürich: Haffmans Verlag 1985 (zitiert als: Schmidt-Andersch).

Römer, Felix: Alfred Andersch abgehört. Kriegsgefangene »Anti-Nazis« im amerikanischen Vernehmungslager Fort Hunt. In: Vierteljahrshefte für Zeitgeschichte 58 (2010), Heft 4, S. 563–598 (zitiert als: Römer).

Ausgewählte Forschung zu »Sansibar oder der letzte Grund«

Hinderer, Walter: Alfred Andersch: Sansibar oder der letzte Grund. In: Interpretationen. Romane des 20. Jahrhunderts. Band 2. Stuttgart: Reclam Verlag 1993, S. 59 – 94 (RUB 8809).

Niggemeier, Friedhelm: Auf den Spuren von Alfred Andersch und Ernst Barlach. »Sansibar oder der letzte Grund« und der »Lesende Klosterschüler«. Wismar: Godewind Verlag 2005 (zitiert als: Niggemeier).

Ritter, Alexander: Alfred Andersch. Sansibar oder der letzte Grund. Erläuterungen und Dokumente. Stuttgart: Reclam Verlag 2003 (RUB 16036).

Stocker, Günther: Lesen als Utopie der Freiheit. Alfred Anderschs »Sansibar oder der letzte Grund«. In: Zeitschrift für deutsche Philologie 123 (2004), S. 264 – 285 (zitiert als: Stocker).

Wittmann, Livia Z.: Alfred Andersch. Stuttgart u. a.: W. Kohlhammer Verlag 1971 (zitiert als: Wittmann).

Weitere Quellen

Andersch, Alfred: Deutsche Kommentare: Jahrhundert der Furcht? In: Der Ruf. Heft 16, 1. April 1947. Wiederabdruck in: Der Ruf. Eine deutsche Nachkriegszeitschrift. Herausgegeben von Hans Schwab-Felisch. Mit einem Geleitwort von Hans Werner Richter. München: Deutscher Taschenbuch Verlag 1962, S. 180–183 (zitiert als: Andersch).

Andersch, Alfred: Nihilismus oder Moralität? In: Horizont 3 (1948), Heft 13, S. 8f.

Barlach, Ernst: Katalog I. Plastik 1894–1937. Auswahl und Kommentar: Elmar Jansen. Berlin (Ost): Akademie der Künste 1981 (zitiert als: Barlach, Katalog I).

Barth, Karl: »Der Götze wackelt«. Zeitkritische Aufsätze, Reden und Briefe von 1930 bis 1960. Herausgegeben von Karl Kupisch. Berlin: Käthe Vogt Verlag 1961 (zitiert als: Barth).

Bienek, Horst: Alfred Andersch. In: Horst Bienek: Werkstattgespräche mit Schriftstellern. München: Deutscher Taschenbuch Verlag 1969, S. 137–151 (zitiert als: Bienek).

Brecht, Bertolt: Notizen zur Barlach-Ausstellung. In: Sinn und Form 4 (1952), Heft 1, S. 182–186 (zitiert als: Brecht).

Demetz, Peter: Die süße Anarchie. Skizzen zur deutschen Literatur seit 1945. Frankfurt am Main, Berlin, Wien: Ullstein Verlag 1973 (zitiert als: Demetz).

Fabri, Albrecht: Über Ernst Barlach. In: Der Bücherwurm 19 (1934), S. 81–83.

Hocke, Gustav René: Deutsche Kalligraphie oder: Glanz und Elend der modernen Literatur. In: Der Ruf. Heft 7, 15. November 1946. Wiederabdruck in: Der Ruf. Eine deutsche Nachkriegszeitschrift. Hrsg. von Hans Schwab-Felisch. Mit einem Geleitwort von Hans Werner Richter. A. a. O., S. 203–208 (zitiert als: Hocke).

Jens, Walter: Plädoyer für die abstrakte Literatur. In: Texte und Zeichen 1 (1955), Heft 4, S. 505–515 (zitiert als: Jens).
Koberstein, Anja: »Gott oder das Nichts«. Sartre-Rezeption im frühen Nachkriegswerk von Alfred Andersch im Kontext der zeitgenössischen Existentialismusdiskussion. Frankfurt am Main u. a.: Peter Lang Verlag 1996 (zitiert als: Koberstein).
Mann, Thomas: Doktor Faustus. Das Leben des deutschen Tonsetzers Adrian Leverkühn, erzählt von einem Freunde. Herausgegeben und textkritisch durchgesehen von Ruprecht Wimmer unter Mitarbeit von Stephan Stachorski. Frankfurt am Main: S. Fischer Verlag 2007 (Große kommentierte Frankfurter Ausgabe, Band 10.1) (zitiert als: Th. Mann).
Richter, Hans Werner: Im Etablissement der Schmetterlinge. Einundzwanzig Portraits aus der Gruppe 47. München und Wien: Carl Hanser Verlag 1986 (zitiert als: Richter).
Timm, Uwe: Der politische Ästhet. Alfred Andersch lesen. In: neue deutsche literatur 42 (1994), Heft 496, S. 168–175 (zitiert als: Timm).
Wehdeking, Volker Christian: Der Nullpunkt. Über die Konstituierung der deutschen Nachkriegsliteratur (1945–1948) in den amerikanischen Kriegsgefangenenlagern. Stuttgart: Verlag J. B. Metzler 1971 (zitiert als: Nullpunkt).

Über den Autor

Jürgen Egyptien, Jahrgang 1955, Literaturwissenschaftler an der RWTH Aachen, Mitherausgeber des *Killy Literaturlexikons*. Zahlreiche Publikationen zur Literatur und Ästhetik des 18. bis 20. Jahrhunderts, unter anderem: *Einführung in die deutschsprachige Literatur seit 1945*. Darmstadt 2006 (gekürzt auch als CD), *Stefan George auf Stift Neuburg*. Marbach 2009, *Albrecht Fabri als Essayist*. Warmbronn 2011; als Herausgeber:

Der Zweite Weltkrieg in erzählenden Texten zwischen 1945 und 1965. München 2007, *Wolfgang Koeppen. Neue Wege der Forschung.* Darmstadt 2009, *Erinnerung in Text und Bild.* Berlin 2012. – In der Reihe »Schroedel Interpretationen« ist von Jürgen Egyptien bereits der Band *Wolfgang Koeppen. Tauben im Gras* (Braunschweig 2010, 2. Auflage 2011, Titelnummer 47714) erschienen.

Bildquellenverzeichnis

Titelbild: Alfred Andersch um 1950, bisher unveröffentlichte Aufnahme aus dem Fotoalbum des Schriftstellers Werner Kolbenhoff. © Deutsches Literaturarchiv Marbach (DLA), mit freundlicher Genehmigung von Frau Annette Korolnik-Andersch

S. 9, 31, 45 und 99: © Deutsches Literaturarchiv Marbach (DLA), mit freundlicher Genehmigung von Frau Annette Korolnik-Andersch

S. 23: © wikimedia.commons (Holdings of the Still Picture Branch [NNSP] of the National Archives and Records Administration)

S. 37 und 59: © ddp images

S. 73: © Westermann Kartographie

S. 79, 83, 92 und 119: © Deutsches Literaturarchiv Marbach (DLA)

S. 120: © Deutsches Literaturarchiv Marbach (DLA), mit freundlicher Genehmigung des Suhrkamp Verlags, Berlin

Bereits erschienen:
Bertolt Brecht: *Leben des Galilei* (47702)
Georg Büchner: *Dantons Tod* (47719)
Georg Büchner: *Woyzeck* (47708)
Friedrich Dürrenmatt: *Der Besuch der alten Dame* (47706)
Friedrich Dürrenmatt: *Die Physiker* (47712)
Theodor Fontane: *Effi Briest* (47707)
Theodor Fontane: *Irrungen, Wirrungen* (47722)
Max Frisch: *Homo faber* (47718)
Johann Wolfgang von Goethe: *Die Leiden des jungen Werther* (47701)
Johann Wolfgang von Goethe: *Faust I* (47721)
Johann Wolfgang von Goethe: *Iphigenie auf Tauris* (47715)
Franz Kafka: *Der Proceß* (47703)
Franz Kafka: *Die Verwandlung* (47727)
Heinrich von Kleist: *Das Erdbeben in Chili* (47709)
Heinrich von Kleist: *Michael Kohlhaas* (47705)
Heinrich von Kleist: *Prinz Friedrich von Homburg* (47713)
Wolfgang Koeppen: *Tauben im Gras* (47714)
Christian Kracht: *Faserland* (47729)
Gotthold Ephraim Lessing: *Emilia Galotti* (47724)
Thomas Mann: *Buddenbrooks* (47716)
Thomas Mann: *Der Tod in Venedig* (47728)
Thomas Mann: *Mario und der Zauberer* (47717)
Friedrich Schiller: *Don Karlos* (47704)
Friedrich Schiller: *Kabale und Liebe* (47723)
Friedrich Schiller: *Maria Stuart* (47700)
Arthur Schnitzler: *Leutnant Gustl* (47710)
Arthur Schnitzler: *Traumnovelle* (47711)
Peter Stamm: *Agnes* (47720)

Folgende weitere Bände der Reihe »Schroedel Interpretationen« erscheinen 2012 und 2013:
Günter Grass: *Im Krebsgang* (47730; Herbst 2012)
E. T. A. Hoffmann: *Der Sandmann* (47725; Frühjahr 2013)
Daniel Kehlmann: *Die Vermessung der Welt* (47736; Sommer 2013)
Heinrich von Kleist: *Die Marquise von O…* (47734; Anfang 2013)
Gotthold Ephraim Lessing: *Nathan der Weise* (47732; Sommer 2013)
Joseph Roth: *Hiob* (47731; Ende 2012)
Friedrich Schiller: *Die Jungfrau von Orleans* (47737; Ende 2012)
Sophokles: *Antigone* (47735; Frühjahr 2013)

Inhaltsverzeichnisse und **Probeseiten** finden Sie unter: http://www.schroedel.de/Interpretationen

Eine Auswahl von Lektüren der Reihe Texte.Medien (Textausgaben mit Materialien)

Die einzelnen Bände werden jeweils durch **Arbeitshefte**, **Informationen für Lehrerinnen und Lehrer** und zum Teil **mediales Zusatzangebot** ergänzt:

Georg Büchner: *Dantons Tod* (47022)
Georg Büchner: *Woyzeck* (47028)
Johann Wolfgang von Goethe: *Faust. Der Tragödie erster Teil* (47009)
Johann Wolfgang von Goethe: *Iphigenie auf Tauris* (47422)
Heinrich von Kleist: *Michael Kohlhaas* (47027)
Friedrich Schiller: *Kabale und Liebe* (47423)
Arthur Schnitzler: *Traumnovelle* (47006)

Weitere Titel sowie eine Übersicht zu geplanten neuen Textausgaben finden Sie unter: www.schroedel.de/textemedien